特集／イメージとは何か

# 臨床描画研究

日本描画テスト・描画療法学会 編

Vol.33
2018

北大路書房

口絵1
(本文p.16, 図2)

口絵2
(本文p.19, 図1)

口絵3
(本文p.26, 図9)

口絵4
(本文p.37, 図1)

口絵5
(本文p.37, 図2)

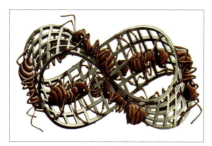

口絵6
(本文p.104, 図2)

口絵7
(本文p.105, 図3)

臨床描画研究　33
# 目 次
2018

## 〔特集〕イメージとは何か

巻頭言：イメージとは何か ……………………………………………………… 2
　　　　　　　　　　　中京大学　馬場　史津

自閉症の体験世界と描画との関係 …………………………………………… 7
　　　　　　　　　　　中京大学心理学部　明翫　光宜

我々にどこから来たのか，我々は何者か，我々はどこへ行くのか
　──描画連想法」とイメージ ……………………………………………… 19
　　　　　　　　　　　中部大学生命健康科学部　牧瀬　英幹

表現媒体の多様性から見る創作体験とイメージ …………………………… 36
　　　　　　　　　　　金城学院大学　加藤　大樹

指定討論
　心に浮かぶイメージの体験過程の理解 …………………………………… 48
　　　　　　　　　　　大阪樟蔭女子大学　高橋　依子

## ■特別講演

チンパンジーの描画 …………………………………………………………… 58
　　　　　　　　　　　京都大学高等研究院　松沢　哲郎

## ■研究論文

バウムの描画に伴うイメージの生起と変容に関する研究 ………………… 68
　　　　　　　　　　　大阪樟蔭女子大学　奥田　亮

**黒−色彩樹木画テストにおける主観的描画体験についての研究** ……… 83
　　　　　　　　　　　　佛教大学大学院教育学研究科　植 田　愛 美

**「不可能なもの」と描画**
　　──ラカン派精神分析と禅の接点を巡って ………………………………………… 100
　　　　　　　　　　　中部大学生命健康科学部　牧 瀬　英 幹

追悼
**故 奥村 晋先生を偲ぶ** ……………………………………………………… 117
　　　　　　　　　　　聖学院大学　藤 掛　　 明

**故 加藤 孝正先生を偲ぶ** ………………………………………… 120
　　　　　　　　　　　中京大学　馬 場　史 津


投稿規定および執筆要項

編集後記

# 特　集

イメージとは何か

特集｜イメージとは何か

# 巻頭言：イメージとは何か

中京大学　馬場　史津

　第27回大会のテーマ，シンポジウムを企画するにあたり，頭に浮かんだのは「そもそも描画とは何だろう，描かれた作品だけでなく，絵を描く行為とは何だろう」ということでした。私たちはクライエントのアセスメントや教育的な意味での自己理解など，日常的に描画を利用しています。しかし，改めて作品を見ながら，作品を共有しながら，私は何を見て何をしているのだろうと考えたとき，納得できる答えを見つけることができませんでした。

　一般的に人物画テストには自画像そのものが描かれることは少なく，描き手の自己イメージが投映された人物像が描かれると考えられています。例えば「背は高く細身で端正な顔立ちだが眉間にしわを寄せ，握りしめた拳は小さく震えている」といったクライエントの外的な特徴については，外側から観察し，客観的に把握することができます。しかし，クライエントが自分自身をどのようにみなしているのかは外側からは理解できません。クライエントは自分のことを「太っていて，器量の悪い自分は人から嫌われている。セラピストもきっとそうにちがいない」と思っている可能性もあります。そのことが言葉で語られるとは限りませんし，本人がはっきりと自覚していないこともあります。私たちは人物画テストを通じて，外側からはわからないクライエントの心のうちを理解しようとします。客観的な事実よりも，主観的な自己イメージこそが悩みの原因となるからです。

　描画テストは外側からは見えない，また言葉では表現することが難しいクライエントのイメージを取り出す方法の1つです。描画には知的側面や神経心理学的側面などたくさんの情報が含まれていますが，この時に私たちが描画に見ているものは，外側からは見えないクライエントの体験世界，これまでの記憶

や経験を通じて集約されたイメージです。描画テストとしてあまりにも当然のことのようですが，時に枝葉末節にとらわれ，その絵のメッセージを受け取れずに見逃してしまうのではないかと危惧します。

　また，描画療法においては完成した作品だけでなく，制作のプロセスが重要となります。河合隼雄先生（2000）は心の中にあるイメージを表現するというよりも，その表現を通じて無意識が活性化され，自我のコントロールを超えたものが表現されることによって治療的意味があると述べています。思いがけない表現がもたらすクライエントの変化や自己理解に出会うと感銘を受けますが，ここで生じているイメージとは何なのでしょうか。心の中に浮かぶイメージがこれまでの記憶や経験を集約したものであるとすれば，それが変化するということはどのように考えればよいのでしょうか。また，自閉症スペクトラム障害のクライエントを支援することは医療・教育だけでなく，近年では産業分野でも一つの課題となっていますが，彼らの特徴であるイメージすることが難しいという現象は何を反映しているのでしょうか。自閉症スペクトラム障害のクライエントの描画は何を示しているのでしょうか。

　イメージについては1990年の臨床描画研究5巻において「イメージと臨床」の特集が組まれ，身体性イメージ（藤岡，1990）や内観とイメージについて（村瀬，1990），またイメージそのものがイメージを抱いた人へ働きかける有意性（三木，1990）についてなど，描画とイメージに関するいくつもの論文が掲載されています。多くの事例からも，いかに臨床においてイメージが重要であるかは示されていましたが，イメージすること，イメージできないことについては，まだ取り上げる余地があるように思いました。

　そこで，日本描画テスト・描画療法学会第27回大会のテーマは「イメージと想像性」として，松沢哲郎先生（京都大学高等研究院）に特別講演をお願いしました。その理由は，松沢先生のご著書である『想像するちから』には，チンパンジーの描く絵と人間の描く絵の違いや，「想像する」ことが人間の特徴であり，想像するちからが絶望や希望とつながっているとあり（松沢，2011），先生のご講演から目の前にない何かを心に浮かべる，イメージという心的活動の原点について考えてみたいと考えたからです。「チンパンジーの描画」のご講演では，比較認知科学の視点からチンパンジーの描画行動についてさまざ

## 巻頭言：イメージとは何か

な研究をご紹介いただきました。大会テーマを「イメージと想像性」とするか，「イメージと創造性」とするかを迷いましたが，松沢先生の『想像するちから』が大変魅力的であったことが「想像」を選ぶ決め手の一つとなりました。それと同時に，何気なく表現されたイメージから描き手の悩みや辛さを受けとり，クライエントについて思い巡らす専門家の想像性，イメージを媒介にした関わりにおける想像性の役割を考える機会としたい，との思いで「イメージと想像性」と決めました。

シンポジウムのテーマは「イメージとは何か」としました。答えのない大きな問いであることは自覚しながらも，ぜひ原点に立ち戻ってみたいと思いました。原点に立ち戻るという点では2013年の臨床描画研究28巻に第22回大会を受けての「描画の源流に立ち返る」という特集が組まれています。大会長の横田正夫先生は，描画テスト・描画療法においては描画の持っている力を暗黙のうちに前提とし，その源流を意識することが必要ではないか，さらに1本の線の力や線の個性について，さらに線から作品へという視点でシンポジウムを企画されたと書かれています（横田，2013）。今回の第27回大会も原点に立ち戻りたいという趣旨は同じですが，描画として取り出そうとしているイメージとは何かという前提に戻ってみたいと思いました。

そこで，明翫光宜先生（中京大学）に話題提供をお願いしました。近年では「自分は自閉症スペクトラム障害ではないか」と医療機関に相談される成人の事例も増え，自閉症スペクトラム障害の体験世界を理解することは大変重要になっています。明翫先生は自閉症スペクトラム障害の発達支援や心理アセスメント，怒りのコントロールプログラムについて研究，実践されており，心理アセスメントではロールシャッハ・テストに加えて，人物画や風景構成法の研究を発表されています。「自閉症の体験世界と描画との関係」の話題提供では，自分の体験を言葉で伝えることが得意ではない自閉症者の認知特性が描画にどのように表れ，理解されるのかについて，また，自閉症者にとってのイメージとは何なのかについてご紹介いただきました。

牧瀬英幹先生（中部大学）は小児期から老年期までの精神病理，描画療法，病跡学を研究されており，今回は「我々はどこから来たのか,我々は何者か,我々はどこへ行くのか─「描画連想法」とイメージ」とのタイトルでお話しいただ

きました。描画療法は描き手のイメージを描き手と面接者が共有する作業です。描画を用いた精神分析の実践である描画連想法は，面接のなかで現れてきた幻想をそのまま紙の上に描いてもらい，それについて面接者が問いかけをします。そのやりとりの区切りとして描く紙を新たに交換し，作成される一連の描画を通して語りを聞く方法です。描画という形で表現されたイメージ，そのイメージについての語りを聞き，問いかけによって次々と展開するイメージとは何か，そこで何が起きるのか，描画連想法の実際をお聞きしながら学びたいと思い，話題提供をお願いしました。当日は，クライエントがどのようなイメージを描くかということよりも，描かれたものの意味を超えて，イメージを介してクライエントの存在と向き合うことについて，事例をご紹介いただきました。また人間が根源的苦悩と向き合うために，イメージはどのような役割を果たすのかという視点は，まさにイメージとは何かに迫るお話だったように思います。

　加藤大樹先生（金城学院大学）の話題提供は「表現媒体の多様性から見る創作体験とイメージ」でした。加藤先生のご専門は芸術療法における体験過程および表現特徴に関してのご研究です。ブロックという芸術療法における新しい技法はイメージをどのように表現するのか，ぜひお話を伺いたいと思いました。また体験過程の研究では芸術療法体験尺度を開発されています。イメージの世界，それを取り出す描画テストや描画療法は，非常に主観的な側面が強いものです。実験心理学のように客観的に妥当性を示すことは難しいものではありますが，描画テストの解釈の妥当性や描画療法において何が起こっているのかをできる限り実証的に示すことも，描画を活用する私たちの義務です。そこで加藤先生には　芸術療法体験尺度についてもご紹介いただきました。

　指定討論は描画テスト・描画療法学会の会長であり，多くのご研究，また長年後進の指導に携わってこられた高橋依子先生（大阪樟蔭女子大学）にお願いしました。高橋先生には「イメージとは何か」という壮大な企画者の問いに対して，また話題提供者の先生方のお話を受けて，議論を深めていただきました。シンポジウムの限りある時間では伝えきれなかった話題提供，指定討論の先生方のご意見が今回の特集には盛り込まれているはずです。今回の特集が読者の皆さまのクライエントとの記憶や体験とつながり，それぞれの心に集約された「イメージ」の再確認につながればと思います。

## 引用文献

藤岡喜愛　1990　イメージと身体感覚　臨床描画研究，**5**，6-19．
河合隼雄　2000　イメージと心理療法　河合隼雄（総編集）　徳田完二・渡辺雄三・田中康裕・織田尚生　講座心理療法第3巻　心理療法とイメージ　岩波書店　pp.3-23．
松沢哲郎　2011　想像するちから─チンパンジーが教えてくれた人間の心─　岩波書店
三木アヤ　1990　夢・箱庭の中での家族イメージ　臨床描画研究，**5**，53-69．
村瀬孝雄　1990　内観とイメージ　臨床描画研究，**5**，20-33．
横田正夫　2013　臨床描画研究，**28**，2-8．

特集｜イメージとは何か

# 自閉症の体験世界と描画との関係

中京大学心理学部　明翫 光宜
（臨床描画研究，33；7～18, 2018）

## はじめに

　我々，心理臨床家はなぜクライエントのイメージに着目するのだろうか。それはイメージによって写し出されたもの（描画・箱庭・アート）から，クライエントの体験世界や精神病理が推測できるからであろう。そして，心理療法の場面でイメージが扱われるのは，守られた治療関係の中でイメージの変容・成長が示され，そのイメージの変容・成長とともにクライエントの適応が向上していくという臨床的事実があるためである。そこで自閉症スペクトラムにとってのイメージとは何か，またイメージが描画にどう表現されるか，さらには描画がどう活用されることが望ましいかについて本論で検討したい。

## I 自閉症スペクトラムの体験世界：認知特性とイメージという視点から

　自閉症の体験世界については，既にいくつかの優れた展望論文があるので，本論では描画と関連が深いイメージとの関連に論をしぼって進めていくこととする。自閉症スペクトラムのイメージの世界を理解する上で，次の3つの視点が重要となる。

　1つめは，自閉症スペクトラム者のイメージの世界は，定型発達者と質的に異なることである。自閉症スペクトラム者が特有のファンタジー（自閉的ファンタジー）を抱いており，それを媒介にして支援のための関係性を構築する視点が1990年代に提案されている。自閉的ファンタジーとは，感覚的なイメージ，または反復的な感覚的イメージや自閉症児が持つ会話パターンや画像イメージなどである（辻井，2004）。杉山（1995）の述べた治療者の機能として自閉症

者の行動の意味を周囲に伝えること，自閉症者が混乱を抑えるためのとりあえずの対応法を本人および周囲に伝えること，言語機能を持つ自閉症者に常識的かつ彼らの内面に沿った直接的な支持やアドバイスを行うことの3点につながっていく視点であった。おそらく現代でも描画法を通じて自閉症スペクトラム児者の体験世界を理解し，共有する試みは心理療法の分野で続けられていると思う。

　2つめは，認知心理学の視点および精神病理学的視点からの自閉症者のイメージの理解である。Frith（2003）の全体性統合理論など自閉症の認知心理学研究が明らかにしたことは，対象の全体像（ゲシュタルトや文脈）を把握するよりは，細部を強く認知し，それ以外の情報を抑制（無視）してしまうという事実である。この認知特性については自閉症者の手記でも「みんなは物を見るとき，まず全体を見て，部分を見ているとように思います。しかし僕たちは，最初に部分が目に飛び込んできます。その後，徐々に全体が分かるのです（東田，2017, p.77）」のように表現されており，支援者にとって非常に参考になる。さらに杉山（1994）の自閉症のタイムスリップ現象の精神病理学的検討からは，対象（記憶表象）と自己との心理的距離が喪失してしまう事実に着目している。この体験世界を滝川（2017）は，「言葉が社会的・共同的な概念の媒介なしにじかに生理的・感覚的なイメージとつながった世界である。そこでは，言葉とイメージ，意味（概念）と感覚の距離がとても近い（p.238）」と述べている。イメージを含めた対象との距離の近さについては，自閉症者の手記を読むことでさらに理解できる。想像という部分に関して「正確に言うと，僕たちが想像しているというより，色んな場面が突然頭の中にひらめくのです。それは，自分にとって，とても楽しい思い出だったり，本の中の1ページだったりします（東田，2017, p.49）」。熊谷（2017）は，この現象を自閉症の感覚世界と関連させ，ある刺激が入り込むと，感覚の枠がいっぱいに広がり，そのまま停留すると述べている。これらの現象が生じる背景に杉山（1994）は自閉症者に自己意識の成立不全が起きていると指摘した。この点はFrith（2003）も「空白の自己」として概念化している。つまり，自閉症者にはトップダウン処理を統括する自己が不在であり，結果的にボトムアップが強くなりすぎること，自覚的自己の不在により，自己中心性と他者の不在が生まれるというのである（Frith,

2003)。これらの知見は自閉症の理解だけでなく，個々のクライエントの描画法やロールシャッハ・テスト，知能検査の反応にしばしば反映されているのを筆者は経験している。

　3つめは，イメージと発達との関連性である。杉山（2011）は自閉症の療育の課題設定においてイメージをつくる力のアセスメントが重要であると述べ，発達段階と課題をまとめている。無発語の自閉症児では観察によって，言葉のある自閉症者では言葉の受け答えによって（視線の止まらずに流れる段階から昨日の行動を答えられる段階まで10段階），イメージをつくる能力のおよその発達年齢と必要な課題がまとめられており，イメージと知的能力の関係について大変参考になる。もう1つイメージの発達で重要な視点は，身体図式である。これは人物画の解釈と大きく関連する重要な視点である。村田（2016）は身体図式の発達と臨床的意義について以下のように述べている。身体図式とは「この世界でふるまう自分というものが感覚的につかめて，意味をもってとらえているかどうか（村田，2016, p.74-75）」を指していると述べ，これによって「自分の身体を自分のものとして感じ，自分のものとして動かすことができるようになります。それは，自分を取り巻く人や物との関係を，自分の身体を中心として推し量るようになります。自分と周りの区別を，感覚的なレベルで，より具体的に感じとることができるのです（村田，2016, p.8）」と臨床的意義を説明している。この点について自閉症者の手記では「とにかく自分の体の部分がよく分かっていないので，自分の目で見て確かめられる部分を動かすことが，僕たちの最初に出来る模倣なのです（東田，2017, p.45）」と述べられている。村田（2016）はこの身体図式が完成して初めて象徴機能としてイメージや言葉の基盤となる内言語的イメージが形成されると説明している。象徴機能としてのイメージは昨日の行動をイメージとして思い出す能力（自分の体験をイメージとして思い出せる能力）であり，先ほどの杉山の昨日の行動を答えられる段階とも重なる。これにより，子どもは自分の過去の運動感覚的イメージに基づいて，現在の状況や周囲と自分との関係を判断する尺度（身体図式）を手に入れることが出来るといえる。そして村田（2016）は知能検査・ITPA・人物画の解釈にあたって身体図式という視点から自閉症スペクトラムの子どもたちの精神発達として何が育ってきていないかについて有益な視点を提供している。

## II 自閉症スペクトラムの描画特性について

　心理臨床家がなぜ描画に着目するかは，描画はクライエントのイメージの世界が写真のような形で反映されることが共有されているためである。精神分析のオリエンテーションにたてばそのイメージの写真に精神力動や対象関係のあり方を見いだそうとするし，直観的に描画の中にクライエントその人の姿を把握することもある。筆者は，先に述べた自閉症スペクトラム独自のイメージ形態が描画に鮮明に表現されると考えてきたため，描画研究において自閉症者の描画特徴や人物画・風景構成法などにおける形式面の研究動向を追ってきた(明翫，2011)。ここでは，さらに新しい知見も追加して自閉症スペクトラムの描画特性として各研究者が明らかにしてきた点を紹介する。

- 視覚的写実性：見えたものを見えたまま正確に描こうとする傾向がある（Thomas & Silk, 1990; Eames & Cox, 1994）。実際の対象を見ながらではなく記憶によって描くが，描画の性質として写実的な表現になっている点が特徴である（寺山，2002）。
- 写実性と部分認知との関係：非自閉症スペクトラム群では写実性得点の高さは，ブロック組合せ課題の非区分版やその最も難しい課題の成績を有意に予測した。また埋没図形の正答は，自閉症スペクトラムの診断よりも描画の写実性得点と大きく関連した（Drake, 2013）。診断の有無，言語性IQ，訓練期間に関わらず，写実的な描画能力は，心的分割能力（部分認知）を予測するといえる（Drake et al., 2013; Drake, 2013）。
- 独特な絵画表現：全体を単純化・簡略化して，ある細部のみを目立たせるような表現である（寺山，2002）。これは先に述べた自閉症スペクトラムの認知特性（全体的統合理論）と一致する点である。
- 限られた対象への関心の強さ（寺山，2002）：自由画では描かれる対象物が限定される。自動車，電車，換気扇，時計など動くものや回転するものが多い。
- 描画技法の発達：定型発達児の多くがたどる描画発達段階を飛び越えて写実画を描く事例など特異な発達が報告されているが，多くの場合はそのような現象は認められず，定型発達児に比較して遅れるが概ね同じ描画発達

段階を経る（松瀬・若林，2001）。また同時に質的な偏りも観察された（松瀬・若林，2001）。
- 人物画では，悲しみや楽しみなどの情緒的な描画表現は可能であるが，身体ではなく顔のみといった同年代の定型発達に比較して未熟な形態を描くことが多い。人間の活動など情緒的・社会的に統合された形の絵を描くことが少ない（Jolley et al., 2013）。

自閉症スペクトラムの描画特性についての知見を概観すると，独自の描画技法があり，そこに認知特性が反映されており，また描画技法の発達的側面では特異性はあるものの定型発達と同じ発達段階をたどるとされている。そこから，我々心理臨床家が自閉症スペクトラムの描画を理解するためには以下の点に慣れ親しんでおくことが必要なようである。それは，①描画技法の発達と特殊な技法，②自閉症スペクトラム障害の認知特性・イメージの性質，③自閉症スペクトラム障害の体験世界を知る貴重な資料としての自伝の3点である。

## Ⅲ 描画の発達理論

描画技法の発達理論として，全体的な形式面の発達理論も参考になるが，ここでは発達的側面が明確な人物画と風景構成法に焦点をしぼって取り上げることにする（明翫，2010, 2012）。

人物画知能検査は，Goodenoughによる人物画知能検査（Draw a man: DAM）が始まりである。DAMは児童の発達段階を的確に反映していること，実施と採点が容易であることから，多くの国では，GoodenoughのDAMをそのまま用いたり，それぞれの国で標準化して行われてきた。主に以下のような発達的順序で進んでいく（例えば，小林・伊藤，2017）。
- 2歳半〜3歳：顔の輪郭のみの表現であり，そこに眼が書き加えられるようになる。その後，胴体がなく「頭足人」が認められる。さらに3歳後半ごろになると「鼻」，「口」，「髪」が書き加えられ完成した顔になっていく。
- 4歳：「頭足人」から胴体のある人物になっていく。ただし，身体の比率はアンバランスである。4歳後半になると1次元の腕や足から，2次元のものに変化していく。

・5歳：眼が円形から眼の本来の形に，首も2次元の形になっていく。5歳後半になるとさらに写生的に周囲の人を観察しながら描くようになる。
・6歳：肩幅が胴体よりも大きいのがこの時期の人物画の特徴である。頭と胴が首でつながったり，腰の部分が描かれたりする。衣服もしっかり描けるようになってくる。
・7歳：部分的ではあるが，衣服の正確性が増す。ただし，全体の構成などに不正確さを残している。腕と肩の付き方が現実的になってくる。
・8歳：人物画の知能検査としての活用の上限年齢の目安となる。6割の子どもが瞳を描き，肩もますます現実の人間像に近づく。
・9歳：人間らしい胴が表現されるようになる。指も5本そろって描かれるようになる。
・10〜12歳：性差が明確になり，だんだんと現実の人間らしいバランスの取れた人物画が描けるようになる。現実の人間像を描く能力は小学校4年までにほぼ完成する。

次に風景構成法の発達理論について紹介する。構成型の発達類型によってPiagetの自己中心性から脱中心化に至る過程と空間の構成仕方を理解することができる（明翫，2012）。Piagetの自己中心性は，(1) その場限りの思考で熟考せず手っ取り早い方法で済ませる「内省の弱さ」，(2) 注意の内容と方向が定まっていないために起こる「関係性を読むことの難しさ」，(3) 入力された情報を手当たり次第解釈しようとする「統合の難しさ」であるという（扇田，1958）。さらに構成型は遠近感に関係するパースペクティブを示す。遠近感が獲得されるということは，抽象的思考，客観的思考，部分知覚と全体知覚の統合，計画性，批判的に評価・分析する力などが身につくことを示す（東山・東山，1999; Cox, 1992）。このような視点に立てば風景構成法は，クライエントの認知発達の様態を視覚的に理解できる有用な心理アセスメントツールである。次に構成型の発達段階を紹介する。

高石（1996）は，主として小学生の横断的研究から，風景構成法の構成型に見られる発達段階を示している。高石によれば，構成型が発達するにつれて自我の視座の確立の発達を示すことを考察している。これは最近の発達臨床心理

学の知見では時間的・空間的パースペクティブの獲得であり，他者への視点の移動がより高次の社会性や共感を可能にするものであると考えられている（杉山，2009）。

- Ⅰ羅列型：課題の全要素がばらばらに描かれており，全く構成を欠く。
- Ⅱ部分結合型：大景要素同士（川，山，田，道）はばらばらだが，大景要素と他の要素とが，一部結びつけられている。
- Ⅲ平面的部分的統合型：大景要素同士の構成が始まるが，部分的な統合にとどまり，「空飛ぶ川」「空飛ぶ道」などの表現がみられる。また彩色されていない空間が多く残り，宙に浮いた感じがする。視点は不定で，複数の基底線が使用されている。
- Ⅳ平面的統合型：部分的な統合が進み，視向（視線の注がれる方向）が一定方向に定まり，全ての要素を「知っている風景」としてまとめることが出来る。しかし，遠近・立体的表現は見られず，全体として平面的で貼りついたような感じが特徴的である。奥行きは上下関係で表現されている。
- Ⅴ立体的部分的統合型：視向が正面と真上の2点に分かれ，部分的に遠近法を取り入れた立体表現がみられる。しかし，Ⅳ段階までの全体の構成の安定性が崩れるため，部分的には遠近法が取り入れられたり，立体表現が見られるが，大景要素間でも立体的表現と平面的表現が混在し，全体としてはまとまりを欠いた構成になっている。
- Ⅵ立体的統合型：視点・視向とも，斜め上方あるいは正面の1点におおむね定まり，全体が遠近・立体のあるまとまった構成になっている。しかし，「平面的な田」，「傾いた家」など一部に統合し切れない要素を残している。
- Ⅶ完全統合型：1つの視点から，全体が遠近感をもって，立体的に統合されている。

## Ⅳ 自閉症スペクトラムの描画研究と体験世界・イメージの接点

自閉症スペクトラムの描画研究と体験世界・イメージとの接点を考えてみる。なぜならその接点こそが臨床的視点に有用であるからである。

我々の人物画研究（明翫ら，2011）では，発達的側面として自閉症スペクト

ラム障害群(以下ASD群とする)のDAM得点は高学年になると得点が伸び,DAM得点,DAM-IQにおいて両群(ASD群・定型発達群)の差が狭くなっていくことがうかがえた。ASD群の人物画の特徴として,全体的な人間像や身体のイメージの形成を経ての人物の表現ではなく,部分的で稚拙なイメージの描出や,部分的・断片的な形でかつ,実物を見たままに描写するスタイルになっていた。行動観察からは自分の身体部位を確認しながら描いている子もいた。これら人物画の特性を考えたときに筆者は,先述の村田(2016)の身体図式の発達が見事に人物画に投影されていると考えられた。この視点は心理臨床で活用されることが少ないが,感覚統合療法的視点から以下のように捉えることができる。ASD群の人物画における未分化な側面に着目すると,その部分の身体感覚の把握の困難さが推測できる。つまり,シングルフォーカスと呼ばれるような認知特性があると,ある身体部位に視覚的情報に注意を向けているために他の身体部分に注意が向かなくなり,認識が難しくなる点である(岩永,2010)。これを裏付けるかのように自閉症者の手記からの体験世界(東田,2017)があり,また筆者も人物画をアセスメントとして援用する機会がなかったが以下のような支援経験がある。ある自閉症スペクトラム青年の相談において,個別課題を家族と教諭・本人と筆者で話し合っていた時のことである。

　家族:「この子はお風呂のときの洗髪や洗顔がうまくいかないんです」
　筆者:「現状として『顔を洗って』とか『髪を洗って』と指示するとどうなりますか?」
　家族:「洗顔のときは,おでこにしか水が当たらなかったり,洗髪のときは頭のてっぺん(頭頂部)にシャンプーの泡を残したまま頭の横を一生懸命こすっています。結局,家族がやらないと…」
　筆者:「A君,ちょっと自分の目をこうやってタッチできるかな?」
　A君:筆者の真似をしながらもタッチする場所は額になっている。
　筆者:「A君,今そこはおでこだよ。そのまま下におりてみて(A君は手を下にずらし,眉毛をさわる)。そうそう。そこが眉毛だね。もう少し下にいってみよう(A君はさらに手を下にずらし,まぶたをさわる)。そうそこ。なんか丸いでしょ。そこが目だよ。しばらく優しくタッチし続けてみよう」

筆者は相談の場で上記のようなやり取りをしながら，洗顔といった日常生活のスキルの練習を試みた。この事例において人物画を描いてもらっていたならば彼はどんな絵を描いただろうか，そう考えると人物画は非常に有用な心理アセスメントのツールだと思う。

　次に風景構成法について取り上げる。我々の研究（内田ら，2014）では，構成型のⅠ～Ⅲの中にASD群の77.5%が該当し，各年齢群においても構成型Ⅲに大きなピークがあること，またⅠ～ⅣにおいてASD群全体の83%を占めており，平面上でアイテムを統合することの難しさが明らかになった。また青年期群のASD群と定型発達群とを2次元での統合─不統合という観点から比較すると，不統合に該当するASD群が有意に多く該当した。この観点からASD群の風景構成法は，「アイテムの不統合」が大きな特徴といえる。次に実際の風景構成法を見てみる。

　図1の絵は，各アイテムを記号的に示すのが特徴的である。教示の理解も不十分であり「道を描いて」という問いかけには信号機を描き，風景としては成り立っていなかった。この羅列型の体験世界を理解するのに，先述した自閉症スペクトラムのイメージの特徴

図1　内田ら（2014）で紹介した風景構成法事例1

がさらに役立つと思われる。風景構成法とはそもそも最初の教示に風景であることを伝えておいて，順にアイテムを書き足していく流れを取る。つまりは，被検者が最初の風景を描くことが求められていることを覚えており，最終的に風景を描くという理解を最後まで持っていないと適切な風景画にたどり着けない。図1の風景構成法を見たとき，彼はなぜこのような絵を描いたのかを追体験することが難しく，筆者にとっては不思議でならなかった。風景構成法研究をレビューしていく中で，図1は「此岸なしの川」を示し，ピアジェの自己中心性思考が優勢であること，枠の一辺を足がかりとした形であることから，状

況依存的であり，被影響性・受動性の高さ（中島，1998）があることが理解できた。本大会シンポジウムを機会に，この絵を描いたASD青年がそのような体験世界になってしまう理由を理解したいと思っていたところ，自閉症スペクトラムのイメージの世界から大きな示唆を得た。それは，ある刺激が入り込むと，感覚の枠がそれでいっぱいに広がり，そのまま停留するという熊谷（2017）の指摘である。検査の教示も含めて，1つ1つの刺激に感覚的にも認知的にもいっぱいになってしまい，それ以上の理解ができないことを知ることができた。つまり，ASD群でこのような構成型Ⅰの風景構成法を描いた場合は，指示は本当に同時に複数出すことを控えて，1つ1つわかりやすく行うことが重要であることを如実に示していると思う。自閉症スペクトラムの描画はすべて図1のような絵を描くわけではなく，その人の体験世界・認知発達に応じて多種多様な形をとる。次に知的能力が正常水準にある風景構成法を示す。

図2（口絵1）の風景構成法は，平面的にはまとまっており，上下関係で3次元的に表現している。石の護岸を描いたことなどから，風景を表現することは理解していることとうかがえる。ただし，山の大きさが全体に対して不均衡である

図2　内田ら（2014）で紹介した風景構成法事例2

こと，家が傾いた表現から立体的には統合しきれていない部分を残している。2014年論文執筆当時は以上の課題点を指摘したのみであったが，この絵を体験世界に沿って考察するとどのような理解が得られるのであろうか。彼の認知能力として複数の情報を統合して理解する力は芽生えつつある点が注目される。同時に家や山などの不具合に関する理解が次に必要となる。この家や山が不具合なバランスになった背景として描かれたアイテムの文脈や空間的配置に影響

を受けており，彼の状況依存性・受動性が感じられる。例えば，PDIなどで「山はこんなに小さくないけど」等のコメントがあれば不具合を意識しつつも従ってしまうことを示すし，コメントがなければその矛盾に意識しないまま行動してしまうと理解される。

　風景構成法研究や事例に出会うことによって，筆者は風景構成法とは，自閉スペクトラムの全体性統合理論の苦手な部分などを認知特性が反映される優れた心理アセスメントツールであると改めて確認できた。

## V おわりに

　自閉症スペクトラムの描画とは，何だろうかというのが本論の大きなテーマであった。やはり，描画は体験世界やイメージの世界を映しだす写真のように筆者には思える。描画には，その時・その瞬間のクライエントの世界の見え方・感じ方，興味関心，発達段階，体験世界が複合的に映っているように思う。それらを我々は忠実に理解することが大切であるように思う。従来，自閉症研究から得られた認知心理学や自閉症者の内的世界の知見が心理アセスメントにうまく活用されていなかったが，これらの知見をうまく活用することで描画法において自閉症者の体験に沿った臨床的理解が生まれてくるように思う。本論が自閉症スペクトラム障害の描画法による心理アセスメントに一助となれば幸いである。

## 引用文献

Cox, V.　1992　*Children's Drawings*. Penguin Books.　子安増生（訳）　1999　子どもの絵と心の発達　有斐閣

Drake, J. E,, Redash, A., Coleman, K., Haimson, J., & Winner, E.　2010　'Autistic' local processing bias also found in children gifted in realistic drawing. *Journal of Autism and Developmental Disorders*, **40**(6), 762-773.

Drake, J. E.　2013　Is superior local processing in the visuospatial domain a function of drawing talent rather than autism spectrum disorder? *Psychology of Aesthetics, Creativity, and the Arts*, **7**(2), 203-209.

Eames, K. & Cox, M. V.　1994　Visual realism in the drawings of autistic, Down's syndrome

and normal children. *British Journal of Developmental Psychology*, **12**(2), 235-239.
Frith, U. 2003 *Autism: Explaining the Enigma*. second edition. Blackwell Publishing. 冨田真紀・清水康夫・鈴木玲子(訳) 2009 新訂 自閉症の謎を解き明かす 東京書籍
東田直樹 2017 自閉症の僕が跳びはねる理由 角川つばさ文庫
東山 明・東山直美 1999 子どもの絵は何を語るか—発達科学の視点から— 東京書籍
岩永竜一郎 2010 自閉症スペクトラムの子どもへの感覚・運動アプローチ 東京書籍
Jolley, R. P., O'Kelly, R., Barlow, C. M., & Jarrold, C. 2013 Expressive drawing ability in children with autism. *British Journal of Developmental Psychology*, **31**(1), 143-149.
小林重雄・伊藤健次 2017 グッドイナフ人物画知能検査 新版 ハンドブック 三京房
熊谷高幸 2017 自閉症と感覚過敏 新曜社
松瀬留美子・若林慎一郎 2001 自閉症児の描画表現に関する発達的研究—言語発達と描画発達と関連について— 小児の精神と神経, **41**(4), 271-279.
明翫光宜 2010 人物画の発達臨床心理学的分析 中京大学心理学研究科・心理学部紀要, **10**(1), 9-20.
明翫光宜 2011 発達障害の描画研究の展望—主に人物画に焦点を当てて— 東海学院大学紀要, **4**, 215-225.
明翫光宜・望月知世・内田裕之・辻井正次 2011 広汎性発達障害児の人物画研究(1)：DAM項目による身体部位表現の分析 小児の精神と神経, **51**(2), 157-168.
明翫光宜 2012 風景構成法の構成型に関する文献的考察 東海学園大学研究紀要人文科学研究編, **17**, 241-256.
村田豊久 2016 新訂 自閉症 日本評論社
中島啓之 1998 非行少年における統合力の問題—風景構成法からの検討— 犯罪心理学研究, **36**, 42-43.
扇田博元 1958 絵による児童診断法 黎明書房
杉山登志郎 1994 自閉症にみられる特異な記憶想起現象—自閉症のタイムスリップ現象— 精神神経学雑誌, **96**(4), 281-297.
杉山登志郎 1995 自閉症児への精神療法の接近 精神療法, **21**(4), 17-24.
杉山登志郎 2009 そだちの臨床—発達精神病理学の新地平— 日本評論社
杉山登志郎 2011 基礎講座自閉症児への教育 日本評論社
高石恭子 1996 風景構成法における構成型の検討—自我発達との関連から— 山中康裕 (編) 風景構成法とその後の発展 岩崎学術出版社 pp.239-264.
滝川一廣 2017 子どものための精神医学 医学書院
寺山千代子 2002 自閉症児・者の描画活動とその表現 臨床描画研究, **17**, 5-21.
Tomas, G. V., & Silk, A. M. J. 1990 *An introduction to the psychology of children's drawing*. 中川作一(監訳) 1996 子どもの描画心理学 法政大学出版局
辻井正次 2004 広汎性発達障害の子どもたち—高機能自閉症・アスペルガー症候群を知るために— ブレーン出版 pp. 22-30.
内田裕之・明翫光宜・稲生 慧・辻井正次 2014 自閉症スペクトラム障害の風景構成法の特徴(1)：構成型の視点から 小児の精神と神経, **54**(1), 29-36.

特集｜イメージとは何か

# 我々はどこから来たのか，我々は何者か，我々はどこへ行くのか
## ——「描画連想法」とイメージ

中部大学生命健康科学部　　牧瀬　英幹
（臨床描画研究, 33 ; 19〜35, 2018）

## はじめに

　我々はどこから来たのか，我々は何者か，我々はどこへ行くのか。この問いに対して，戸惑いなく答えられる者はいないだろう。かつては，神の存在がこの問

図1

いにある一定の見解を与えてくれていたのかもしれない。しかし，そのような神の存在を失った今，我々は，Pascalの嘆きに代表されるような，問いに答える術を知らぬ永久の絶望の内に留まったままであるかのようである（Pascal, 1991）。

　Gauguinの大作『我々はどこから来たのか，我々は何者か，我々はどこへ行くのか』（図１：口絵２）からもまた，その絶望の一端が見受けられるが[1]，このような人間が抱える根源的苦悩を導く，人間における「欠如」に注目し，そこから主体の存在意義を模索していこうとする精神分析の可能性に目を向けるならば，我々は絶望の淵から少しだけ歩みを進めることができるのではないだろうか。

　例えば，Lacan（2004）は次のように述べている。「欠如は，主体性の構成にとって根元的なものです。ここで言っているのは，分析経験の道を通って我々

の前に現れる主体性のことです。このことを次のような定式で言い表したいと思います。あることが知られ，何かが知へとやってくるやいなや，そこに失われた何かがある。この失われた何かについて考えるもっとも確実な方法，それは，それを身体の断片として構想することである」。

　本稿では，描画を用いた精神分析実践である「描画連想法」の事例を検討することを通して，上述の歩みの可能性を考える。また，そうした歩みの中にあって，イメージがどのようなものとしてあるかを示してみたい。尚，本稿で取り上げる事例は，守秘義務を鑑み，考察に影響を及ぼさない限りで変更を加えている。

# Ⅰ　事例の提示

## 1．事例の概要

　報告する事例は，友人からのいじめを契機として不登校となり，適応障害の診断を受けた女子中学生（以下，Clと記す）のものである。2女の同胞の第1子である。発達的な問題は特に認められず，今回のいじめが起こるまではどちらかというと活発な子であったという。不登校になり始めて半年が経過したことから，心配した母親に伴われて筆者が所属する病院を受診した。週1回のセッションを約2年間行う中で，最終的に，Clは自らの生き方を，他者（妹や母）に依存する形ではなく，主体的に選択していくことができるようになり，その結果，不登校の問題も自ずと解消されるに至った。

## 2．事例の観察および考察

　ここでは，治療にひとつの転回点をもたらしたと考えられる描画連想法の内容とその後のセッションの流れに絞って提示する。

　描画連想法とは，精神分析における「自由連想法」を，描画を用いて行うものであり，連想を軸にして描画に論理的関係性を導入していく方法である。その際，論理的関係性は，①描くときに語られる語りを「きく」ことを通して初めて可能となる解釈，②紙の交換というかたちで「区切り」を入れ，主体にとっての対象aを浮かび上がらせていくこと，によって導入される（牧瀬，

2015)。

　以下は、描画連想法を行った、ある回のセッションの様子である。

［1枚目］

　筆者が「今からいつものように、目をつぶって線を描くので、それが何かの形に見えたら教えて下さい。そして、その見えた形になるように、描き足してみて下さい」と教示し、紙の上に波線を描いた。すると、Clはしばらく考えた後に、「蛇に見える。こんな風に黒い部分があって、目もあって」と言いながら、蛇を描き上げた（図2）。

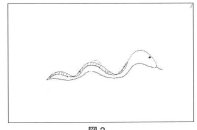

図2

　そこで、筆者は「この蛇はどんな所にいるのかな？」と問いかけ、さっと紙を引き、新しい紙と交換した。（この時点で、Winnicott（1971）のスクィグル技法から描画連想法へと移行している。）

［2枚目］

　Clは「熱帯雨林」と言いながら、左側に1本の木を、中央に川を、右側に2本の木を順に描き、最後に、草むらを描いた（図3）。筆者が「蛇はこんな所にいるのかぁ。何をしているのかな？」と訊ねると、Clは「何してるのかなぁ。のんびりと暮らしてるのかも。でも、熱帯雨林だから、毒を持った奴がいるのかもしれない。蛇は獰猛なイメージがない」と答えた。

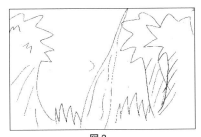

図3

　そこで、筆者は「毒をもった獰猛な奴とはどんな奴なのかな？」と問いかけ、さっと紙を引き、新しい紙と交換した。

［3枚目］

　C1は「蜘蛛とかかなぁ」と言いながら、蜘蛛を描いた（図4）。そして、「蜘蛛です。タランチュラ」と言った。筆者が「他には何かいるのかな？」と訊ねると、C1は「何かいるかなぁ。虫がいっぱいいそう。行きたくはない」と答えた。そこで、「虫は苦手なのか

図4

な？」と促すと、C1は「ダンゴ虫、蝶は大丈夫。でも、セミは無理」と答えた。続けて、「セミが無理なのはどうしてなのだろう？」と訊ねると、C1は「隣の家はおばあちゃんの家で、広くて、庭にはいっぱい木が生えている。ビニールハウスがあったり、田んぼがあったり。小さい時、田んぼを走ったり、ブドウを取ったりしていた時に、蜂やセミがいた。ある時、セミが落ちていて、長生きしないのを知らなくて、木に戻してあげようとしたら、バタバタ、ウァーとなって。だから、セミは嫌い。バタバタバタって。こちらが助けてやろうとしたのに、あいつは。だから、セミは可愛くない。顔が気持ち悪い。でも、蜘蛛は好き。蜘蛛を妹に持っていくと、気持ち悪いと言われる」と答えた。

　そこで、筆者は「蜘蛛は好きとすると、獰猛な奴は？」と問いかけ、さっと紙を引き、新しい紙と交換した。

［4枚目］

　C1は「ゴリラとか言いますよね」と言いながら、ゴリラのようなものを描いた。そして、「えっ、人みたいになってしまった。可愛い。どうしよう。あっ、人だ。おじいちゃんだ」と言った。それに応じて、筆者が「おじいちゃん？」と訊ねると、C1は「おじいちゃんじゃないです。ゴリラです」と

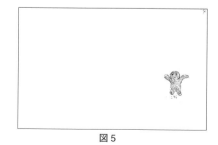

図5

言いながら、ゴリラのようなものを黒く塗りつぶした。そして、「ゴリラは頭

がいい。恐い。仲間意識があるので，テリトリーに入ると，非常に怒る」と言った。そこで，「ゴリラでないとすると，何に見えるのかな？」と訊ねると，Clは「何かなぁ。黒子さんみたい。黒子さんは顔がない」と答え，ゴリラのようなものの下に「ごりら」と書いた（図5）。

そこで，筆者は「黒子さんは何をしているのかな？」と問いかけ，さっと紙を引き，新しい紙と交換した。

［5枚目］

Clは「黒子さん，可愛いな。どうしよう」と言いながら，初めに中央の黒子を描いた。そして，「テレビのお手伝いをしている。制作のお手伝い」と言いながら，右と左の2人の黒子と何かの道具のようなものをそれぞれ描いた（図6）。筆者が，中央の黒子の上にある白いものを指差しながら，

図6

「これは何なのかな？」と訊ねると，Clは「これは，看板。テレビの背景にあるようなもの」と答え，続けて，「黒子さんが可愛い。きっとこんなんじゃない。中身はおじさんじゃないか。実は中身は素敵じゃない」と言った。さらに，「最近，ミッキーを見たが，中は素敵じゃないんだなと思った。昔は着ぐるみを見たら，走って行っていた。でも，今は違う。私も白くはないなと思って。くすんでいるんですね。同じ年の子に比べたら，精神的に低い。妄想癖がある。買い物をしていて，アイドルとすれ違ったらどうすると話すと，友達に『そんなわけない』と言われたりする。でも，友達に何かを相談されて答えると，『大人っぽいね』と言われることもある。じゃあ，どっちなのとなる。自分自身，6人の考え方があるから，割り切る必要はない。でも，周りから言われると，そういう風に考えるんだなと思う。ある人と話をしていて，この人はこうだなと思ったら，それに合わせて話し方を変えると仲良くなってくれる。だから，どんな風にもしゃべれる」と言った。

そこで，筆者は「黒子さんの中にはどんな人がいるんだろう？」と問いかけ，

さっと紙を引き，新しい紙と交換した。

［6枚目］
Clは，「こんな感じのおじさん」と言いながら，おじさんを描いた（図7）。筆者が「このおじさんはどんな人なのだろう？」と訊ねると，Clは「まず表に出ないだけあって，物静かな人。子どもは多分娘。娘とはコミュニケーションが取れないし，最近，娘の方が冷たくなったみたい。うまいこと昇進もできず，細く長くという感じ。家族もぎくしゃくしているけれど，仕事もうまくいっていない」と答えた。そして，「とても失礼かも」とぽそっと言った。筆者が「どうして娘さんがいると分かったのかな？」と訊ねると，Clは「目が大きいから。このオーラの感じが」と答えた。

図7

そこで，筆者は「どんな娘さんなのだろう？」と問いかけ，さっと紙を引き，新しい紙と交換した。

［7枚目］
Clは，「ギャルになりきれていないギャルの子。おしゃれには目がいくが，そうなれない」と言いながら，女の子を描いた（図8）。続けて，「単に友達の空気を読んで，うんうんうんと言って，親には辛く当たる」と言った。

ここで，この回のセッションを切り上げた。

図8

描画連想法を施行することで，Clの連想は，これまでとはまた異なる形で紡がれていった。その中でも，3枚目の「毒をもった獰猛な奴」がいる虫がい

っぱいいそうな所に「行きたくはない」という語りと不登校との関係，あるいは，4枚目の可愛いおじいちゃんと「ゴリラは頭がいい。恐い。仲間意識があるので，テリトリーに入ると，非常に怒る」という語りに結びつくゴリラとの関係や，5枚目の「黒子さんが可愛い。きっとこんなんじゃない。中身はおじさんじゃないか。実は中身は素敵じゃない」という語りに認められる，見た目と中身の違いに対する不安とクラスメートとコミュニケーションを取ることの難しさとの関係から，Clが直面している不登校の問題と本人の幻想との繋がりが見て取れる点は興味深い。実際，Clは5枚目において「自分自身，6人の考え方があるから，割り切る必要はない」と語ることで，クラスメートとのやり取りの困難さを，多重人格的な適応の仕方で対処しようと試みていたことを明らかにしている。このような，症状と幻想との結びつきが面接の場で語られたことは，それ自体治療的意義を持つものであったと考えられるだろう。

　しかし，その後，描画連想法は，3枚目において子どもの頃の思い出とともに語られた，不気味なものとしての「セミ」を巡って展開していくことになった。3枚目の語りにおいて，セミは自分にとって「気持ち悪い」ものであるとされており，逆に，自分にとっては「好き」とさえ言われている蜘蛛が，妹にとっては「気持ち悪い」ものであったことが述べられている。妹が蜘蛛に対して感じる気持ち悪さは，Cl本人がセミに対して感じる気持ち悪さと同じものであり，ここには同胞性の確認の試みが見られると同時に，一般的に嫌われる蜘蛛を妹に持って行ったことそのものは，同胞間の攻撃性の発露であったと推測できるだろう。このようにClには，妹の誕生に伴い喚起された存在に関する不安，あるいは，それまでの自分の居場所を奪うことになった妹に対する無意識の攻撃性があり，それらが縮合された対象として，「獰猛な蜘蛛」や「気持ち悪いセミ」が描かれていたであろうことが分かってくる。このような見通しは，その後のセッションにおいて次第に明らかになっていった。そうした関係はまた，いじめが起こる前の居心地のよい，何でも自分の思い通りになっていたクラスで過ごしていた頃のClと，いじめが起こったことでクラスでの居場所を失い，不登校となったClの関係と重ね合わされて語られていた。

　およそ2ヵ月後のセッションでのことである。Clが再び子どもの頃の祖母宅の庭での思い出について語ったことを契機に，その頃の庭の様子を絵に描い

我々はどこから来たのか，我々は何者か，我々はどこへ行くのか

てみることになった。以下は，その時のやり取りの様子である。

　Clは「ここに家があった。ここに犬小屋，犬がいる。ここに車が止まっていて，軽トラックの上で，遊んでいた。その左に農業用の倉庫があった。ここにだーっと道があって，金魚の池があった」と，当時の記憶を辿りながら，ゆっくりとそれぞれを描いた。そして，少し絵の全体を眺めた後，再び「ここに木があって，ブドウとか柿とか，いちじくとかがなっていた」と言いながら，それぞれを描いた。

　この時，偶然，面接室の電話が鳴った。このため，筆者が戸惑いながらも電話に出ようとしたところ，間髪入れずにClが「トイレに行ってきます」と告げ，面接室を出ていった。しばらくすると，Clはトイレから戻って来て，何事もなかったかのように，「ここら辺の家の周りは，木で囲まれている。ビニールハウスもあって」と言いながら，再び絵を描き始めた。

　そこで，筆者が「今，トイレに何を流してきたのでしょう？」と問いかけると，Clは突然の問いかけに驚いた様子を見せながら，「何となく，トイレは落ち着く。唯一1人になれるから」と答え，続けて，「ここには用水路があって，ここら辺に田んぼがある。どこにいても，水の音が聞こえてきた。池で遊ぶこともあった。大きめのプールを作って，泳いだりもしていた。水の中に入ると落ち着く。トイレが好きなのも，水の音がするからなのかもしれない」と言っ

図9

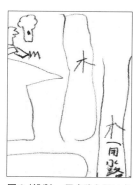

図9（部分）　用水路と黒い点

た。筆者が「トイレの水の流れは，この用水路の流れでもあったのですね？」と応じると Clは「水の中って，守られているような気がする」と答え，続けて，「以前話したセミは，この木の所にいた」と言いながら，トイレに行く前に描いていた木の幹（畑の下にある一番右の木の幹）に，黒い点を打った（図9：口絵3）。

ここで，この回のセッションを切り上げ，終了した。

## II 考察

### 1．イメージと「区切り」

このような治療のひとつの転回点となったセッションの流れにおいて，一体何が生じていたのであろうか。

ここで注目したいのは，描画連想法における「紙の交換」としての区切りや，偶然にもCl自らが実践しようとした区切りと重なり合う形で生じた電話の音としての区切りなど，区切りが治療の展開において重要な役割を果たしている点である。

Freud（1915）が「無意識は無時間的である」と述べているように，無意識においては一般的な意味での時間はない。しかし，拍子のようなものはあり，それが区切りを生み，区切りは主体の時間化を促す。Lacan（1966）は，この時に問題となる主体の時間を「論理的時間」として定義するとともに，区切りを介して主体に「論理的時間」を導入していくことの治療的意義を，次のような「3人の囚人」の寓話を喩えとして用いながら説明している。

《3人の囚人の寓話》
3枚の白い円板と2枚の黒い円板がある。それを3人の囚人の背に，それぞれ1枚ずつ貼る（囚人は皆，自分の背中を見ることはできない）。他の2人の背中の円板を見た上で自分の背中に貼られている円板が何色かを言い当て，その結論に至った論理的推理を示すことのできた囚人が解放される。また，その際，囚人同士で話をすることは禁じられている。最終的に，いくらかの時間といくらかの動作の後，囚人は皆，「私は白である」という同じ結

論に至る。

　いま，自分のために結論を言いに来た囚人をAとし，Aがその行動について思いを巡らした結果彼の推論を引き出した囚人達をB，Cとしよう。すると，先の囚人が自らの答えを導き出した論理関係を，次のように言い換えることができる。Aは，BとCの背中に張られた2枚の白い円板を見ながら考える。もし，「私が黒であるならば，Bは「もし私が黒であればCは走り出すだろう。でも，Cは走り出さない。とするならば，私は黒ではなく，白なのだ」と考え，走り出すだろう」と。でも，Bもまた走り出さない。ということは，「私は黒である」のではなく白なのだと。そして，Aはこのように導き出された答えを言うために，走り出す。しかし，Aは再び立ち止まる。それは，BとCもまた走り出したのを見たからである。先に結論を導き出した推論において，そこには「BとCが走り出していないのを見た」という瞬間があった。つまり，Aは「私は白である」という論理的展開を一方的にBとCに押し付けることで結論し，走り出した。しかし，BとCが走り出すのを見て，再び自分の出した結論が正しかったのかどうか不安になり，立ち止まる。この時，同時にBとCもまた立ち止まる。この2度目の立ち止まり（＝区切り）によって，Aは改めてBとCもまた同じ推論に至ったことを理解し，はじめて「私は白である」という確信を得ることになる。もしAが黒であれば，BとCは絶対に立ち止まるはずはなかったからである。そして，Aは急いで自分が白であることを言うためにまた走り出し，戸口を出る。

　ここで重要なことは，立ち止まりとしての「区切り（scansion）」によって，同時性の平面（囚人がそれぞれ円板を張られた静態的状況）に，「せき立て（hâte）」という形で時間を導入する契機がもたらされていることである。これにより，囚人達は，走り出すという行為を通して，3つの時間（「見る時間」，「理解する時間」，「結論を引き出す時間」）を引き出し，結論に至ることができる。Lacanは，このような形で時間を導入された囚人が「私は白である」という結論を導くことの中に，主体が自らを「私は人間である」と自己規定していく過程と同じものを見て取っている。

　また，囚人たちが，「私は黒である」という結論を他の囚人に一方的に押し

つけながら否定することにより，自らを「私は白である」と先取りして結論することができていたことに注目したい。このような結論を最終的に導き出すためには，2度目の「区切り」としての「立ち止まり」により，もう一度「私は黒ではない」ということを再認することが必要であった。すなわち，人間は，自らを人間として確立するとき，そこに人間ではないもの＝不可能なもの（＝「私は黒である」＝対象a）があることを知り，それを〈他者〉＝第三者を介して省みることが必要なのである。

　このような区切りを介して主体に「論理的時間」を導入していく意義を最大限引き出す方法として，Lacanは「短時間セッション」を考案したが，描画連想法における「紙の交換」は，まさにこの意味においてClの固定化された幻想を区切り，不可能なものとしての対象aを浮かび上がらせていく試みである（牧瀬，2015）。Clは，「紙の交換」によってその都度，自らを人間化する際の根拠となるものと出会い，その上で改めて自らを人間として構築していくことになる。

　事例の初めのセッションでの3枚目において，「紙の交換」＝区切りを介して浮かび上がった不気味なものとしての「セミ」が，その後のセッションで，連想における言葉の流れ，思い出の祖母の庭における水の流れ，そしてCl自身の尿の流れが重なり合う中，再び浮かび上がることになったことを思い出してみよう。筆者が「今，トイレに何を流してきたのでしょう」と問いかけたことに対して，Clは，少しの間をおいてから，木の上に，以前のセッションで語られた「セミ」を描き加えた。この描き加えはひとつの答えになっていて，この時トイレで流されたものが，「嫌い，可愛くない」と言われていた「セミ」であったことを物語っている。この時，Clは，「セミ」という妹を代表象するものをトイレに流すという行為をもって，妹への攻撃性を再確認するに至ったと考えられるが，その際，「紙の交換」や電話の音としての区切りは，Cl自らが実践しようとした区切りと重なり合う形で，Clの語らいに区切りをもたらし，Clが自らを時間的存在として位置づけ直す契機を導いたのではないのだろうか。

　「セミ」についての連想が初めに出現したセッションと，Clがトイレに立ったセッションは離れてはいるが，Clはそれらの2セッションを，あたかも続

いているかのように，後のセッションで自ら繋いだ。単一のセッションの間に，連想において川に流れてきたものの思い出と，Clのその場での排尿行為によって流されたものが同一であると解釈できた例として，すでに新宮（1995）による実例があり，その例を踏まえてこのClの例を省みるならば，Cl自らがセッションの区切りを実践するというラカン的な短時間セッションの方法論的な形が，ここに明確に現れているのを知ることができるだろう[2]。

さらに，「セミ」との関係において「水の中に入る，出る」という出産を巡るテーマが語られている点を踏まえるのであれば[3]，そうした区切りはまた，Clにとって，妹が生まれようとしていることを告げる意味を持っていたのだろう。妹が生まれてくる（＝走り出す）前に，自分も生まれ出なければ（＝走り出さなければ），自らを時間的存在として位置づけることができず，トイレに流される妹のようになってしまう。そのような区切りによってもたらされた「急き立て」によって，Clは「3人の囚人」の1人のように走り出し，3つの時間（「見る時間」，「理解する時間」，「結論を引き出す時間」）を得て，結論に至ることができたと考えられるのである[4]。

この時，「紙の交換」という所作を為し，電話に出ることに戸惑いを覚えつつも結果的に電話に出た筆者もまた，自らを区切りとして位置づける中で，その存在意義を問われ，走り出す者の1人としてあるとともに，最終的にClの排尿によって流されることになった，人間ではないもの＝不可能なものとしての「セミ」を体現してもいたのだろう。そうした関係性のもとに，Clは，自らを外から，第三者の視点を介して省みることができたのである。

## 2．描画空間のトポロジー

では，このような過程において，分析の場はどのように構造化されていたのであろうか。特に，トイレに流される「セミ」としての妹が，存在してはいけないCl（＝トイレに流される妹のようなCl），あるいは，Clがかつて言語的主体として成立する際に失うことになったものでもあるとするならば，そこでは，尿としてのClがCl自身の内部にあるという不可能な空間構造が展開されていたと言える。このことはどのように考えられるのであろうか。

Lacan（1965）は，区切りを介して主体に「論理的時間」を導入する分析実

践のあり方を，穴の機能を有するトポロジーの観点からも検討している。そうした観点は，この問題を考える上での糸口を与えてくれるように思われる。

先程取り上げた「3人の囚人」の寓話をもとに考えてみよう。原抑圧を経た後の，自分の背中に張られた円板の色を知り得ず，欲望（désir = d）の中心穴の回りを巡ってただ要求（demande = D）し続けることしかできない囚人の姿は，トポロジーを用いて表現すると，トーラスとして描けるだろう。そうしたトーラスの状態のままでは，囚人は一巡しても結論を引き出す瞬間に来たということに全く気づくことができない（図10）。しかし，区切りとしての「切断」をもとに，トーラスをクラインの壺に変換すると，中心穴の回りを旋回しながら一巡し終えた時に「反転」が生じるため，囚人は一巡するという形で理解する時間を得て，結論に至ることができるようになる（図11）。すなわち，「反転する」際に浮かび上がることになる人間ではないもの＝不可能なものとしての対象aとの関係を介して，囚人は「自らを人間として規定する」契機を得ることができるようになるのである。Lacanはまた，反転円を二分する（要求と同一化を二分する）線を，転移を支える線と位置づけ，転移のもつ人工操作的性質と欺きの性質を示してもいる（図12）。

この点を踏まえるならば，C1が，尿としてのセミ，妹，そして，かつて自らを主体化する際に失うことになった

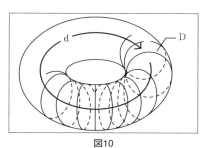

図10

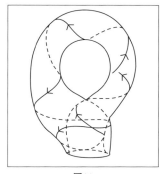

図11

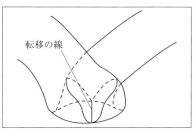

図12

ものでもある，人間ではないもの＝不可能なものと区切りを介して出会い損ねる時，トーラスから「反転」の契機を含むクラインの壺への変換が，分析の場のみならず，Clの身体空間においても展開されていたと言えるのではないだろうか。本稿の冒頭において引いたLacanの指摘を思い出すならば，主体が存在を巡る問いに答えることの「不可能性」と向き合い，そこから新たな生を立ち上げていく際には，その「不可能性」としての欠如を「身体の断片」＝対象aとの関係において捉え直していくことが求められる[5]。故に，尿としてのClがClの内部にあるという不可能な空間構造が生じたのであろう。

Lacan（2001）は『エトルディ』の中で，次のように述べている。「構造，それは言語活動の中で明るみに出てくる現実界のことである」。「構造は，言語的な繋がりの中に隠されている非球体的なもののことであり，主体という効果がそれによって把握されるのである」。すなわち，我々は，トポロジー的なイメージの支えをもとにしてはじめて，その向こうに純粋な現実が働いているということを知ることができるのであり，この意味において，治療空間の中でトポロジー的変換を展開する＝不可能な空間[6]を浮かび上がらせることはそれ自体，Clが不可能という現実をもとに，自らを時間的存在として位置づける契機を導くと考えられるのである[7]。

しかし，ここで注意しておかなければならないのは，クラインの壺が「反転」する際に生じる転移の問題である。この点に関する，次のようなLacan（1964）の指摘は意義深い。「転移が要求を欲動から遠ざけるものだとすれば，分析家の欲望は要求を再び欲動へと連れ戻すものです。この道を介して，分析家は「a」を分離し，それを，彼がその具現者になるべく主体から求められているもの，すなわち「I」から，可能なかぎり離れたところに置くのです。「a」を分離する支えとなるためには，分析家はこの「I」との同一化という理想化から失墜しなくてはなりません。それが可能となるのは，分析家の欲望が，一種の逆催眠の中で，彼の方こそが催眠をかけられた者の立場に身を置くことを可能にしてくれるからです」。

Clが，クラインの壺における「反転」の契機をもとに，「見る時間」，「理解する時間」を得て，結論を引き出すに至った際，筆者もまた，Clとともに走り出す者としてあったと同時に，Clの排尿によって流されたセミを体現して

もいたことを思い出したい。この時，筆者がClの存在を支える理想像としてあるような自我理想（I）の位置に留まっていたとしたら，「不可能性」への開かれはすぐに閉じられ，Clがそこから新たな生を立ち上げていくことはできなかったであろう。そうした姿勢は，Clが妹の誕生後，常に妹を基準にして物事を決定するようになったこと，あるいは，母の思い通りの自分を生きることを維持する方向へと導くことになったに違いない。そうではなく，筆者が対象「a」としての排尿によって流されることになったセミを体現し，「不可能性」への開かれを維持する方向へと進んだこと，それがClの存在を再構成する転回点をもたらし，Cl自らが主体的に生き方を模索していくことを促したのである。

治療者がClの「I」の座から失墜し，Clから「a」を分離することが，治療を展開していく上で必要となるのであり，この点は，治療の場でイメージの問題を扱っていく際に常に治療者が意識しておかねばならないことなのである。

## III おわりに

以上のような方法が，現代において我々が人間の抱える根源的苦悩と向き合い，自らの存在を再構成していく上でのひとつの可能性としてあるとするならば，その中にあって，イメージはどのようなものとしてあるのであろうか。

事例の検討を通して見えてきたことを踏まえるならば，我々はまさに，イメージ，あるいは，想像する力によって，はじめて自らを人間として位置づけ得る存在であると言えるだろう。

Clが区切りを介して「セミ」という人間ではないもの＝不可能なものを再認し，想像的に先取りした結論を事後的に確信する形で自らを時間的存在として位置づけ直すに至ったように，我々は「我々はどこから来たのか，我々は何者か，我々はどこへ行くのか」の問いに答えることの不可能性と向き合う中で，イメージといくらかの動きを介して，不可能なものをもとに自らの存在根拠となる論理を作り上げるのである[8]。故に，描画連想法においては，Clがどのようなイメージを描くかということよりもむしろ，描かれたものの意味を超え，イメージを介してClがどのように存在を巡る不可能性と向き合う論理を打ち

立てようとしているかに着目することが求められる。その際，描かれたものだけでなく，描かれたものと結びついた語りの両面を区切る「紙の交換」は，不可能なものそのものとして機能することになるのである。

　Gauguinの大作『我々はどこから来たのか，我々は何者か，我々はどこへ行くのか』における，画面中央のイヴを思わせるような女性が取ろうとして取れないでいる果実に（粟津，2014），あるいは，「誕生」，「生」，「死」を象徴するそれぞれのイメージの統一性に内在する綻びに（本江，2009），絵画の区切り＝裂け目と先人たちの不可能なものとの関係を認めることができるように見えるのは，このことと無関係ではないだろう。こうした先人たちの想像性と不可能性を巡る知を，どのように我々の臨床実践に活用していくことができるかについての検討は，今後の課題としたい。

**注**

（1）Gauguin（1974）は，「カトリック教会反対論」の中で，「我々はどこから来たのか，我々は何者か，我々はどこへ行くのか」の問いを巡る葛藤について哲学的な立場からも議論している。その中で，Pascalを引き，当時の教会の考え方に異議を投げかけている点は，このことと密接な関係にあると考えられる。

（2）「トイレに立つという行為が，分析を受ける主体が自ら実践した区切れ」（新宮，1995）となることがある。

（3）Freud（1900）は，「水の中に入る，出ること」が，象徴的に出産を表すと指摘している。また，新宮（2000）は，「虫にたかられる夢」が妊娠の観念に対応すると述べている。

（4）実際，上記の新宮の例においても，排尿行為で区切られたセッションは，Clが弟の誕生について語っていたセッションであった（新宮，1995）。

（5）この点に関して，Lacan（1964）は次のようにも述べている。「対象aとは，主体が自らを構成するために手放した器官としてのなにものかです。これは欠如の象徴，ファルスの象徴，ファルスそのものではなく欠如をなすものとしてのファルスの象徴，という価値があります。ですからこれは，第一に切り離せるものとして，第二に欠如と何らかの関係を持っているという点において，対象でなくてはなりません」。

（6）新宮（2010）は，このような不可能な空間が「生と死の移行領域」としてあると指摘するとともに，その特徴として，①死という象徴を経由していること，②「反復」という質を以て現れること，③3次元空間では表象できないこと，しかし現実であること，④その直接的なイマーゴはしばしば「寸断された身体」であること，の4点をあげている。

（7）この点に，精神病，発達障害の治療との接点を見出すこともできるのではないだろうか。両者の治療においては，治療空間の中でトポロジー的変換を展開するという仕方ではなく，穴の機能を有するトポロジー的構造そのものを構築していくことが求められるように思われる。

（8）このことを，我々が幼少期に，それを以て自らを人間として規定するに至ったような「子どもは

どこから来るのか」の問いを再構成する作業として捉えることもできるだろう（牧瀬，2015）。

## 引用文献

粟津則雄　2014　美との対話　私の空想美術館　生活の友社
Freud, S.　1900　*Die Traumdeutung, G. W. II/III*.　新宮一成（訳）　2011　フロイト全集5　岩波書店
Freud, S.　1915　*Das Unbewußte, G. W. X*.　新宮一成（訳）　2010　無意識　フロイト全集14　岩波書店
Gauguin, P.　1974　*Oviri, Écrits d'un sauvage*. Paris: Gallimard.　岡谷公二（訳）　1980　ゴーギャン　オヴィリ――野蛮人の記録　みすず書房
Lacan, J.　1964　*Le séminaire libres X, Les quatre concepts fondamentaux de la psychanalyse*. Paris: Seuil.　小出浩之・新宮一成・鈴木國文・小川豊昭（訳）　2000　精神分析の四基本概念　岩波書店
Lacan, J.　1965　*Le séminaire libres XII, Problèms cruciaux pour la psychanalyse*. inédit.
Lacan, J.　1966　*Écrits*. Paris: Seuil.
Lacan, J.　2001　*L'etourdit, Autres écrits*. Paris: Seuil.
Lacan, J.　2004　*Le séminaire libres X, L'angoisse*. Paris: Seuil.　小出浩之・鈴木國文・菅原誠一・古橋忠晃（訳）　2017　不安（上）（下）　岩波書店
牧瀬英幹　2015　精神分析と描画―「誕生」と「死」をめぐる無意識の構造をとらえる―　誠信書房
本江邦夫　2009　我々は何者か？　ゴーギャンが遺した大作を読み解く　月間美術，**407**，20-27.
Pascal, B.　1991　*Pansées, texte établi, annoté et présenté par Philippe Sellier,《Classiques Garnier》*. Paris: Garnier.　由木　康（訳）　1990　パンセ　白水社
新宮一成　1995　ラカンの精神分析　講談社
新宮一成　2000　夢分析　岩波書店
新宮一成　2010　移行領域としての生と死，その描画表出　臨床描画研究，**25**，32-44.
Winnicott, D. W.　1971　*Therapeutic consultation in child psychiatry*. New York: Basic Books.　橋本雅雄・大矢泰士（訳）　2011　子どもの治療相談面接　岩崎学術出版社

特集 イメージとは何か

# 表現媒体の多様性から見る創作体験とイメージ

金城学院大学　加藤　大樹

## はじめに

　心理臨床において，イメージはクライエントの内面を映し出すものとしてもたいへん重要な役割を担っている。イメージを形にする媒体として，多種多様な技法がこれまでに開発され，活用されてきた。たとえば，ドローイング，ペインティング，粘土，さらにはダンスや演劇なども私たちのイメージを他者に伝える手助けをしてくれる。

　芸術療法の技法は，その特徴から様々な分類が可能であるが，ここでは，その構造に注目してみたい。1つ目は，素材の力を借りてゼロから表現をするグループである。ここには，描画や粘土などが含まれる。2つ目は，ある程度のイメージの種が用意されていて，それを保障された枠組みの中で組み合わせていくグループである。箱庭やコラージュなどがこれに含まれる。中井(1993)は，箱庭療法やコラージュ療法などを「構成法」とよび，枠組みによって自由度は制限されるが，だからこそ安心して表現できる点を指摘している。また，共通した枠組みがあることは，アセスメントの際の手がかりとしても有用であると考えられる。

## I　構成的芸術療法の実際

　ここでは，箱庭療法，風景構成法，コラージュ療法，ブロック技法などに代表される構成的芸術療法について紹介したい。中でも，筆者が研究テーマとしているコラージュやブロックについて概観していく。

図1（口絵4）は、コラージュ作品の写真である。もともとは美術の技法として発展してきたもので、雑誌や広告から自分の気に入った素材を切り抜いて画用紙に貼り付けることで表現を行う。日本においては、森谷(1988)によって理論化され臨床場面での活用可能性が示されてから、芸術療法として幅広い領域で導入されている。コラージュ療法では、画用紙が表現を守る枠組みとして機能し、クライエントは切り抜きのイメージの組み合わせによって自身の内面を表現していく。

図1　コラージュ表現の例

図2（口絵5）は、ブロック作品の写真である。ブロックは北欧で生まれた子どものための玩具であるが、近年では表現媒体としても注目されており、芸術表現や教育現場などでも活用されている。臨床心理学の分野においても、ブロックを活用した研究や実践がこれまでにいくつか報告されている。欧米では、LeGoff(2004)らを中心に、自閉症スペクトラム障害をもつ子どもたちのグループセラピーの媒体としてブロックを用いる試みが行われている。ここでは、グループの参加者にあらかじめ役割を与え、協力して制作課題に取り組んでいく。彼らのアプローチは、グループセラピーの考え方に基づくもので、ソーシャルス

図2　ブロック表現の例

キルなどの観点から効果の検証が行われている。

　日本においては，今川ら（1985）が，精神科の外来治療場面において，面接後に別室でブロック制作を行うことを試み，非言語のブロック表現が面接と日常をつなぐ緩衝材のような役割を果たすことが認められている。また，入江・大森（1991）は，場面緘黙児の精神療法過程において相互ブロック制作を導入している。筆者らのアプローチ（加藤，2006）では，このような先行研究の知見をふまえ，箱庭療法やコラージュ療法の構造的枠組みを基盤として，ブロックを用いた表現技法を試みている。具体的には，まずクライエントの表現を守る枠組みとして，25cm四方の緑色の基礎板を用意する。表現の素材としては，様々な色や大きさの直方体の基本ブロック，木・窓枠・タイヤなどある程度の形状をもつ特殊ブロック，ブロックとの組み合わせが可能な人形（ミニフィグ）を用意する。クライエントは，基礎板の上に，ブロックやミニフィグを用いて自由な表現を展開していく。箱庭療法やコラージュ療法のように，個別面接場面において非言語的な表現媒体として活用することが可能であるし，プレイセラピーの中では子どもたちにとって自然な表現手段の1つとしても用いられる。

　このように，コラージュやブロックは，使用する素材は異なるが，一定の枠組みの中で組み合わせによってイメージを形にするという点が共通している。導入にあたっては，表現を見守るセラピストの存在と態度が重要となる。クライエントは自身の内面を，写真やブロックなどのイメージの種を組み合わせることによって保障された空間の中に表現していく。その体験をイメージしながら，プロセス全体に寄り添うことが求められる。他の芸術療法と同様に，クライエントは言葉にできない無意識的なイメージを表現に投影していることも多い。そのため，セラピストが表現の解釈を無理に言語化しようとすることは，かえってありのままの表現の妨げになってしまうこともある。コラージュやブロックは身近で親しみやすい素材であるが，それゆえに，心理療法の媒体として使用する際にはクライエントの大切な思いの受け皿になっていることを忘れないようにしたい。

## II イメージ表現を用いた心理アセスメント

　イメージを用いる心理アセスメントとしては，投影法がよく知られている。一定の刺激を手がかりにイメージを言語化していく技法としては，ロールシャッハテストやTATなどがある。また，クライエント自身がイメージを具現化するものには，バウムテストやHTPに代表される描画法がある。これらの投影法の解釈仮説は，芸術療法の作品と向き合う際にも有用である。特に，その構造から，描画法と構成的芸術療法は親和性が高いため，描画法を用いたアセスメントの基礎を学ぶことは，芸術療法における作品と向き合う際にも大きな手助けになると考えられる。投影描画法の解釈仮説としては，たとえば，形式分析，内容分析，印象評定などがある。形式分析では，描線の特徴，大きさ，余白などを見ていく。内容分析では，描かれたアイテムの内容を吟味していく。最後に，印象評定では，その絵がもつ全体的な印象について評価していく。このようなアセスメントの視点は，他の芸術療法にも適用が可能である。たとえば，これをコラージュに置き換えると，形式分析は切片数や余白の分量などにあたり，内容分析は「人間」や「動物」など何が表現されたかを確認することになる。また，印象評定では描画と同じように，作品全体から受ける印象を評価していく。

　芸術療法の諸技法は，その名前の通り，もともとは療法として開発されたものである。しかし，制作者であるクライエントの内的世界を投影することから，アセスメントの媒体としての活用も可能である。これまでに取り組んできた研究をもとに，コラージュやブロックなどの表現にどのように制作者の心理特性が反映されるかを眺めていきたい。

　加藤（2004）は，高校生を対象に，コラージュの形式的・内容的特徴がパーソナリティや学校適応とどのように関連するかを検討した。ここでは，パーソナリティの指標としてBig Fiveを用いて検討を行っている。その結果，開放性と切片数に有意傾向のある関連が認められた。開放性の高い生徒の作品の方が切片数が多い。開放性の高さは個人の創造性や好奇心を反映しているので，コラージュ作成という創造的な活動自体が開放性の高い生徒には適しているのかもしれない。開放性の高い生徒の切片数の多さは，コラージュ作成自体を純

粋に楽しんでいる結果であると解釈することもできる。また，開放性には環境に対する柔軟性も含まれるため，コラージュという新しい活動にうまく適応し，その中で自分自身を表現できているとも考えられる。

　また，内容に注目すると，開放性は動物および食べ物の出現頻度とも有意な関連があることが明らかにされた。これは，制作者の心的エネルギーの現れであると解釈することができる。この開放性の高さは，環境に対する適応能力や興味の広さを示すものであり，自分の周囲に対する広い興味や積極性が作品に投影されていると考えられる。今村（2001）が，一般成人と統合失調症者の作品の比較において，食べ物や乗り物は健康な食欲や活動性を反映するものであると述べているように，これらは生徒の精神的健康度を測る上での一つの指標として捉えることもできるであろう。

　この他には，誠実性が人間の表現と深く関連していることが明らかになった。具体的には，誠実性と人間全体および人間部分に有意な関連が認められた。誠実性が高い群では人間全体が多いのに対し，低い群においては人間部分が高い割合で出現している。人間全体は，切り抜きの対象として人間の全身を切り抜いたものであり，人間部分は部分的な切り抜きである。この点に関して，佐野（2002）は，ロールシャッハテストにおける反応領域について言及し，全体反応は対象をそのまま認知し，部分反応は対象を自分の認知に合わせて認知する傾向にあると考察している。Big Five 尺度における誠実性は，真面目さや勤勉性を表す因子であり，誠実性得点の低い者は，素材をそのままに受け入れるのではなく，自分自身の認知の枠組みに従って捉えて加工しているものと考えられる。周りの環境に対して受動的に適応するのではなく，独自の捉え方をする認知や行動のスタイルが作品にも反映されているのではないだろうか。学級適応と人間像の間でも関連が認められていることからも，人間の出現はコラージュを理解する上で重要な指標の一つであると考えられる。

　続いて，ブロック表現を活用したアセスメントに関する研究の成果（Kato & Morita, 2010）を紹介したい。ここでは，TEG（東大式エゴグラム）を用いて制作者のパーソナリティ特性とブロック表現特徴の関連を検討した。エゴグラムは，Berneの交流分析の理論に基づいて開発された性格検査である。CP（Critical Parent），NP（Nurturing Parent），A（Adult），FC（Free Child），

AC（Adopted Child）という5つの自我状態からその人のパーソナリティを理解することが可能である。CPは批判的な親の部分であり自分自身を厳しく監督し，NPは対照的に養育的に見守る役割を担っている。Aは大人という名前のとおり，自分の内面と外界のバランスをとる役割を果たしている。FCは自由な子どもの部分であり自分の欲求のままに振る舞い，ACは周りの環境に適応しようとする特性を指している。

分析の結果，使用した基本ブロックの量とCPやAの高さに有意な負の相関が認められた。また，特殊ブロックの量とFCの間に有意な正の相関が認められた。このことは，CPやAの高い人ほど使用する基本ブロックの量が少なく，FCの高い人は特殊ブロックを多く使用する傾向があることを示している。

CPやAという要素は，精神分析の理論に当てはめると，超自我や自我の部分に共通するところが大きいと考えられる。超自我は，過去の対人関係の中で形づくられた自分を厳しく見守る部分で，道徳心などと深く関連している。自我は，超自我とイド（欲求にしたがって自らを動かす部分）のバランスを保ったり，自己の内面と外的世界の調和を保ったりする働きを担っている。このような観点から，CPやAの高い人は，自分の衝動や欲求などを適切にコントロールし，外界に合わせた形で表出することができると考えられる。こういった特徴を持つ人たちのブロック表現において，使用するブロックが少なかったことには，イメージを表出する際に内的なコントロールを経て，どのように見られるかを意識しながらアウトプットの形を調整していく心の働きが関連しているのではないだろうか。

対照的に，FCは先述のイドの要素と深く関連し，これが高い人は，自分自身の欲求やイメージにしたがって素直に動くことができると考えられる。ブロックを用いて表現をする際に，基本ブロックのみを使用してイメージを表出するのには一定の技術が必要である。そのため，場合によっては表現が制限されることもあると考えられる。しかし，特殊ブロックを効果的に用いることにより，表現の幅が広がり，より豊かな表現をすることが可能になる。同時に，FCの高い人は，好奇心や，創造性の高さも兼ね備えていると考えることもできる。このような特徴から，特殊ブロックが持っている個性に自分自身のイメージを積極的に投影させて，より豊かでダイナミックな表現をしているのでは

ないだろうか。

## III イメージ表現と体験過程

　ここで，心理臨床場面においてクライエントのイメージ表現と向き合う際に，「目の前の表現に投影されているものは何か？」という問いについて考えてみたい。まず，描画をはじめ，あらゆる表現にはそれを表現した人の心理社会的特徴が投影される。たとえば，パーソナリティや性別などのある程度普遍的な特性も投影されるし，気分や欲求などの一時的な心理状態も投影される。さらに，表現すること自体を通して得られる体験過程もまた表現に投影されると考えられる。ここには，たとえば，心理的退行，気づきや洞察，テスターやセラピストとの関係性が含まれる。このように，クライエントの描画体験・制作体験もまた，作品の特徴に反映される。今ここでの体験が言語的・非言語的な表出に現れるという事実は当たり前のことであるが，パーソナリティの評価などにエネルギーを注ぎすぎると，つい忘れてしまうこともあると思われる。私たち心理臨床に携わる者は，表現特徴にクライエントの特性を求める傾向があるが，制作体験が作品の特徴に影響を与えていることも忘れてはならないだろう。

　木村（1985）は，箱庭療法における治療的体験として，「心理的退行」，「守られた中での自己表出」，「内面にあるものの意識化」，「自己表現と美意識の満足」をあげている。これらは，すべての芸術療法において共通する重要な要素だと考えられる。加藤ら（2009）は，これをベースに，基礎研究の一環として，芸術療法体験尺度（SEAT）の作成を試みた。この研究では，コラージュ，ブロック，風景構成法を用いて，制作者の体験過程をもとに尺度を作成し，技法ごとの体験の差異が比較された。その結果，体験の中身として，「子ども時代への回帰」，「自己表出・カタルシス」，「内面の意識化」，「創作意欲・満足感」，「制作場面での関係性」の5つの要素が抽出された。そして，技法ごとに比較すると，「自己表出・カタルシス」や「内面の意識化」といった要素は，技法を超えて普遍的なものであることが示された。また，特にブロックでは「子ども時代への回帰」の要素が強く，コラージュでは「創作意欲・満足感」の要素が強いことが明らかになった。各技法における体験過程の特徴を図3に示した。

ここで注意すべきは，いずれの体験も治療効果を考える上で欠かせないものであり，その組み合わせのバランスに技法の個性が反映されているということである。したがって，特定のカテゴリのみに注目して単純に比較するのではなく，包括的な視点で技法の特性を知ることが大切であると考えられる。実際の臨床場面において芸術療法を導入する際には，技法の特性に応じて喚起されやすい体験も異なるということをテスターやセラピストが知っておくことが重要だと考えている。

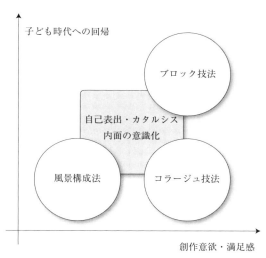

図3　各技法における体験過程の特徴

　SEATは，臨床的観点から因子構造の妥当性を検討したものであったが，今後活用していくためには，統計的な観点から妥当性を確認することも重要である。そこで，加藤ら（2014）は，SEATをもとに，疲労などのネガティブな体験やセラピストの存在を意識した体験に関する項目を新たに追加し，SEAT-Rを作成した。そして，箱庭・コラージュ・ブロックの3つの技法を通して因子構造を統計的に再検討した。その結果，「気持ちの解放・安定」，「満足感」，「自己理解」，「緊張感」，「子ども時代への回帰」の5つの因子が抽出された。これは，もともとのSEATの因子構造とほぼ共通するものであり，臨床的な観点からも統計的な観点からも，これらの要素の重要性が確認できたと考えている。

　個々の要素に注目すると，まず，SEATにおける「子ども時代への回帰」・「内面の意識化」は，SEAT-Rにおける「子ども時代への回帰」・「自己理解」に相当するものである。SEATでは，内容的妥当性の観点から，複数の専門家の判断によりカテゴリの分類を行ったため，臨床場面における治療者としての知見が反映されている。これに対し，SEAT-Rでは，因子的妥当性の観点から，統

計的手法を用いて各項目が下位因子に分類された。よって「子ども時代への回帰」と「自己理解」の2因子については，両方のアプローチから共通した結果として導き出されている。つまり，両者は，臨床場面における知見と，因子的妥当性の両面から，一定の妥当性を有するものであると考えられる。

　SEAT-Rにおける「気持ちの解放・安定」は，SEATの「自己表出・カタルシス」と高い相関を示している。両者に含まれる項目のほとんどは共通しているが，「自信がついた」という項目が新たに加わっている。自分自身の内面を表出することにより，気持ちが安定したり自信がついたりするという感覚が得られたのではないか。

　「満足感」は，SEATにおける「自己表出・カタルシス」や「創作意欲・満足感」と関連が深い。「満足感」因子には，「自分の作品に満足した」というような制作に対する満足感に加え，「自分らしさが表現された」のような，自己表現に伴う満足感も含まれているのが特徴である。

　「緊張感」という因子は，SEATにおける「制作場面での関係性」に共通する要素もあるが，「緊張した」，「自分の内面が見透かされる感じがした」というような，新たに加えられた項目が含まれる。心理臨床場面における制作においても，表現することに伴う不安や葛藤，セラピストの存在を意識することによって生じる緊張感などは，治療的にも非常に意味のある体験である。新たにこのような因子が認められたことは，芸術療法における体験過程を検討する上で重要な指標となると考えられる。

## Ⅳ　イメージと創作体験

　これらの体験を，実際の表現活動と照らし合わせて振り返りたい。クライエントは技法ごとに様々な素材を用いて表現に取り組んでいく。これはイメージの種のようなもので，これらを手がかりに自分のイメージを具現化していく。また，画用紙や砂箱のような保障された枠組みがあることで，安心して表現に向き合うことが可能となる。セラピストの存在や治療構造の守りも，二重三重に表現を保障している。クライエントは，内的イメージを表出することで，心理的退行の効果を得たり，すっきりしたという感覚を得たりすることができる。

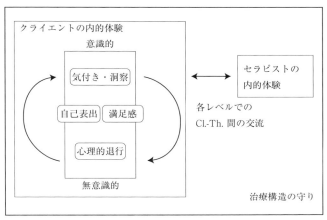

図4　創作体験のモデル

同時に自身の表現を目にすることで，様々な気づきや洞察を得る。ここで重要なのがセラピストの存在である。制作を見守る存在としてセラピストがいることで，そこに非言語的な交流が生まれ，その存在を意識しながら表現をすることによってはじめて生じる体験も多くあると考えられる。

　モデル（図4）を用いて，イメージを表現する際の内的体験について考えてみよう。これまでに述べたように，イメージ表現によって得られる体験として，「心理的退行」，「自己表出」，「満足感」，「気付き・洞察」などの要素があげられる。制作体験について総合的に検討する上で，これらの要素が心の中のどのレベルで起こってくるかを考えることが重要であると考えられる。図では，下がより無意識的な部分で，上が意識的な部分として表現されている。心理的退行は制作者自身の過去の体験と強く結びついていて，心の深いところで起こるものである。それに対して，中央の自己表出は，前意識的な部分ということもできるだろう。イメージを表出するに当たり，何を表出して何を留めておこうかという自己対話のプロセスが自然に私たちの中では起こっている。そして，実際にそれを目に見える形で表現することにより，そこから気づいたり，達成感や満足感が得られたりする。それは意識的なプロセスであると考えられる。何気なくされている表現のようで，その中では，制作者自身の内的世界におけ

る意識と無意識の交流がある。過去の懐かしい体験を思い起こし，試行錯誤の末に表出し，そこから気づきや満足感を得る。心の中の色々なレベルでそれが展開していて，しかもそれがサイクルのように相互に影響を与えているというところがイメージ表現の魅力であり，治療的効果の要になっているのではないかと考えられる。図の右側は，同じようなプロセスがクライエントの内部だけではなく，見守るセラピストの中でも喚起されていることを示している。両者の交流によって治療効果が展開していく。さらには，一番外枠には，例えば，空間や時間的枠組などの治療構造の守りが存在する。治療構造によって守られていることで，こういったプロセスを安心して展開していくことができるのではないか。

# V おわりに

　最後に，実際の心理臨床場面におけるイメージ表現の活用に際して，私たちがどのようなことに留意すべきかについて考えてみたい。これまでに述べてきたように，描画法や芸術療法の諸技法には，それぞれの技法の個性があり，それらの個性によって引き出される体験がある。技法の実施や解釈に習熟していることも大切であるが，同時に，その技法がクライエントのどのような体験を刺激するかということもよく考える必要があると考えられる。また，これまでの研究からも見えてきたように，技法を超えて普遍的な治療的体験も多く存在する。これらの体験は，クライエントが安心して表現できる基盤になるものである。心理臨床の場面においては，これらのことを心に留めながら，目の前のクライエントの特性に合わせて技法を導入し，寄り添うことが重要ではないだろうか。

## 引用文献

今川正樹・大西道生・山口直彦・中井久夫　1985　面接後ブロック構成について　日本芸術療法学会誌，**16**，41-46．

今村友木子　2001　分裂病者のコラージュ表現―統一材料を用いた量的比較―　名古屋大学大学院教育発達科学研究科紀要(心理発達科学), **48**, 185-195.

入江　茂・大森健一　1991　相互ブロック作りを介した場面緘黙児の精神療法過程　日本芸術療法学会誌, **22**(1), 50-60.

加藤大樹　2004　高校生のコラージュ作品に関する研究―学級適応・性格の観点からの検討―　日本芸術療法学会誌, **34**(2), 23-32.

加藤大樹　2006　ブロックを用いた表現技法に関する基礎的研究―POMSによる気分変容の検討および気分と作品特徴の比較―　日本芸術療法学会誌, **35**(1), 52-62.

加藤大樹・原口友和・森田美弥子　2009　芸術療法の諸技法における体験過程に関する研究―コラージュ技法・風景構成法・ブロック技法の比較―　日本芸術療法学会誌, **39**(1), 51-59.

Kato, D. & Morita, M.　2010　Relationships between Features of Collage Works, Block Works, and Personality. *Social Behavior and Personality*, **38**(2), 241-248.

加藤大樹・今村友木子・仁里文美　2014　芸術療法体験尺度の改訂　金城学院大学論集, 人文科学編, **11**(1), 1-6.

木村晴子　1985　箱庭療法―基礎的研究と実践―　創元社

LeGoff, D. B.　2004　Use of LEGOcopyright as a Therapeutic Medium for Improving Social Competence. *Journal of Autism and Developmental Disorders*, **34**(5), 557-571.

森谷寛之　1988　心理療法におけるコラージュ（切り貼り遊び）の利用　精神神経学雑誌, **90**(5), 450.

中井久夫　1993　コラージュ私見　森谷寛之・杉浦京子・入江　茂・他(編)　コラージュ療法入門　創元社　pp.137-146.

佐野友泰　2002　コラージュ作品の解釈仮説に関する基礎的研究―コラージュ作品の客観的指標とYG性格検査, MMPIとの関連―　日本芸術療法学会誌, **33**(1), 15-21.

特集｜イメージとは何か

指定討論
# 心に浮かぶイメージの体験過程の理解

大阪樟蔭女子大学　髙橋　依子
（臨床描画研究, 33；48〜55, 2018）

　イメージとは何であろうか。大会長の馬場先生から，シンポジウムの指定討論者として指名され，3人の話題提供者の方の発表を元にして，考えてほしいといわれた。
　イメージとは何か。イメージとは，心像や表象と呼ばれており，心に浮かぶ像，心に抱かれているものと考えられているが，時には「私のイメージとは合わないわ」という使い方をされたりする。すなわち，認知されたものの表象のみでなく，人の思考によって捉えられない漠然とした映像も含まれるし，感情の表現にも使われる。視覚的イメージ以外に，聴覚的イメージや触覚的イメージもありそうであるし，想像される味覚的イメージもあるのかもしれない。このように，イメージが心の中に浮かぶための刺激は視覚刺激だけではないが，浮かんで来るものは映像として捉えられる。そして，この学会では描画などの平面的な芸術作品とその発展と考えられる立体などの視覚的な作品を扱うため，視覚的なイメージを中心に考えていきたい。視覚的なイメージとは心の中に浮かぶ映像であり，言語で表現されない，または言語では表現しにくいものを指し，それは描画などの媒体によって，外界に表出されうるものである。
　3人の話題提供者の方々はイメージをどのように捉えておられるのだろうか。
　明翫先生は，自閉症スペクトラム児・者はイメージの形成がしにくいと言われるが，そうではなくて，独自の認知の仕方のために，他者からはイメージが捉えにくいだけであり，内面の表出となる描画から，内面のイメージを捉えることで，イメージを推測できるとして，イメージを認知の枠組みからの映像として考えておられる。

イメージが描画に表出されるのだから，描画からイメージを探る，すなわち描画から内面のイメージを推測していくことで，自閉症スペクトラム児・者の独特の体験過程を捉え，認知の特性を明らかにしていこうとされている。そこには，人それぞれが持つ特性を大切にしていこうという明翫先生の温かいまなざしが感じられる。

　牧瀬先生はLacan派の立場から，自由連想法での言語に変わるものとして，ご自身で発案された，描画を用いた「描画連想法」によって，クライエントの内面を理解していこうとされている。描画について語るクライエントの言葉に耳を傾け，「きく」ことにより，クライエントが抱いているイメージを捉え，それを深めるために，紙を取り替えて次々に連想によってイメージを発展させ，クライエントの洞察が働くように進めておられる。言葉の代わりとしてのイメージ，言葉では表現できない感情が，描画として眼前に表出され，クライエントは自身の描画から得た連想を言葉で述べ，そこからの連想をまた描画で表出していく。そこではイメージは，言葉による自由連想で捉えようとするクライエントの無意識の内容が，言葉で表出されるより以前に表現されるものとして存在する。言語による自由連想法とは異なり，描画連想法は言葉にとらわれないイメージが表出されるため，言葉にならない感情，言葉で表現されない思考や認知が捉えられるのである。

　加藤先生は，イメージを捉える媒体にはさまざまなものがあり，それぞれの媒体によって捉えられる体験過程が異なるので，その特性を明らかにしたいと述べておられる。

　加藤先生は芸術療法の中に，ある程度限定された材料を用いるものがあり，それらは自由な表現を促す材料よりは，イメージの表出の点で自由度が制限されるが，それだからこそ，安心して表現ができることがあると言っておられる。そして，描画のような平面的な媒体だけでなく，ブロックのような立体も用いておられる。ブロックやコラージュなどの限定された材料を用いる表現による心理療法は，他の芸術療法とは異なる特性を持つのではないかと考えて，その特性を客観的に捉えようとされている。その中では，主観的になりがちな心理療法でのクライエントの内面の変化を客観的に捉えようとしておられ，漠然としたイメージが明瞭な形で表現されると考えておられる。

## 心に浮かぶイメージの体験理解の過程

　以上のように3人の方の発表では，イメージとは何かと言うよりも，イメージを思い浮かべている体験過程を明らかにしていこうとされており，その点に焦点を当てて3人の方の発表を振り返りたい。

　明翫先生は，多くの先行研究やご自身の臨床実践からの研究を元にして，自閉症スペクトラム児・者の抱くイメージは，定型発達児・者とは質的に異なるため，自閉症スペクトラムの体験世界を理解するためには，その認知の特性が表れる描画を媒介にすることが良いのではないかと述べられた。そして，自閉症スペクトラムの言葉が共同的な概念を媒介とせずに感覚的なイメージとつながるため，自己中心性と他者不在が生じるとの理解が必要であることや，身体図式が発達していないために，象徴機能としての内言語的イメージの形成が遅くなることなども，自閉症スペクトラム児・者の特徴としてあげておられる。

　それらの特徴のために，自閉症スペクトラム児・者の描画には独自のイメージ形態が表現される。その最も大きな特徴は部分の認知が優先し，全体がまとまった統合されたものとして捉えにくいことである。部分的な捉え方がなされるために，例えば風景構成法などでも，独特の表現になることを例示された。そこに自閉症スペクトラム児・者の認知の特性を理解する鍵があると言われた。それらを理解することで，自閉症スペクトラム児・者の体験世界の共有に迫れるのではないかと述べておられる。そして，風景構成法とともに，人物画テストの例を挙げておられる。

　ところで人物画はGoodenough（1926）が知的水準を測定するために心理テストとして用いるようになったものである。子どもの描く人物画は，子どもの成長発達につれて変化し，描かれた人物画の身体部分の構成や比率なども異なってくる。Goodenoughは子どもの絵の発達の資料を元に，精神年齢を規定し，知能指数を測定したのである。Goodenoughはこの検査を子どもの知能測定以外に，感情や葛藤などパーソナリティの理解にも用いようとした。Goodenoughの方法は「男の人を1人描いてください（Draw A Man）」という教示を用いたので，DAMと呼ばれている。わが国では桐原（1944）が紹介した後，小林（1977）がわが国の児童の人物画の結果を元に標準化を行った。

　このように，描画テストは知能検査として始まり，児童に用いられ，Buck（1948）もHTPテストで知能も測定したが，成人では絵の上手下手という技術

的なものの影響の方が強い。筆者らの研究（高橋, 1985）でも, 文学部の大学生と美術大学の大学生では, 職業適性検査の知能得点とHTP-IQの平均点は逆の値となった。

　その後, 人物画テストは広くパーソナリティを捉えるものとして用いられるようになった。種々の描画テストの中でも人物を課題とするものは, 自己像を表すだけでなく, 対人関係を捉えられるものとして活用されてきた。

　このように対人関係が反映されうる心理検査として人物画を用いてきたところ, 近年　自閉症スペクトラム児の人物画によるIQと知能検査のIQとの乖離が注目されるようになってきた。対人関心の希薄さなどの社会性の発達の問題があると, 人物画に表出される対人関係の問題が明らかになり, 人物画から計算されるIQが低くなるため, 他の知能検査の結果と比較することで, 自閉症スペクトラム児・者の状態を捉えることができると思われる。そのため, 臨床現場で再び注目されるようになってきた。

　大島（2015）は,「人物画は情緒的な視点から考える時にも有益な情報を与えてくれる。絶対的, 相対的比較や数量化ができる形式分析（大きさ, 位置など）, 筆圧, コントロール力, バランス, 修正, テーマ, 描く順序, 強調, 欠落, 構成・・・など, 何か特徴的なものに注目すると, 子どもが意識的, 無意識的に何を考え, 何を感じ, 何を訴えかけようとしているのかを想像することができ, アセスメントにつながる新たな仮説が見えてくる。特に自閉症スペクトラム（ASD）の子どもの絵は, ロボットのように無機質であったり, 顔と身体のバランスが極端に悪かったり, 棒人間が描かれたりすることも多い。彼らの人間のイメージや身体イメージの問題が反映されている可能性もある」と述べている。

　人物画と同様に風景構成法で, 明敏先生が指摘されているように, 構成が稚拙で羅列的なのは, 自閉症スペクトラム児・者による外界の部分認知の問題とともに, 他者を含む外界への関心の希薄さが表れているとも考えられる。

　このように自閉症スペクトラム児・者の描画から, どのようなイメージが捉えられているのか見ていくことで, 独特の体験過程を理解することができると思われる。

牧瀬先生は，前述のように，Lacan派の考えを元にして，精神分析を言語でなく描画で行っていこうとして，「描画連想法」を創始された。描画による連想を語り合うことで，クライエントのイメージを捉え，そこからクライエントの認知と感情を明らかにしていこうとされている。そこではイメージとは，当初は1つの視覚的な形態であるが，その中に次々と連想が働き，しかもイメージとして表出されるために，次第に内面の無意識であったものが明らかになっていく。発表された事例は，クライエントの描いた描画について，牧瀬先生が質問をして，クライエントの語りを聞き，連想が発展したときに，用紙がさっと取り替えられ，新たな用紙にクライエントは連想したものを描いていく。それを続けていくことで，クライエントが漠然としか気づいていなかった心の内面が明確になっていくという過程が鮮やかに示されている。

Freudは言語による自由連想法で精神分析を行った。しかし言語だけでなく，描画や夢の分析も行った。そして，描画や夢を言語と同様に考え，連想していくことによって，内面を明らかにしていこうとした。それに対し，Freudと同様に内面の無意識を明らかにしようとしたJungは，描画の中に，Freudのように性的な象徴だけでなく，さまざまな創造的可能性が秘められていると考えて，描画から離れずに描画の中にある無意識の内容を意識化することで，クライエントの内面を捉えようとした。その後LacanはFreudの精神分析を受け継ぎ，Jung達を批判して，精神分析で語られる無意識の内容は言語の構造と持つと主張した。Lacanは，基本的には言語による連想を重視したと思われるが，牧瀬先生はLacanの考え方を元にしながらも，描画を用いた描画連想法を創始し臨床に用いておられる。まず，Winnicottのスクィグル法でセッションは始められる。セラピストが目をつぶってラインを描き，そのラインで描かれた「ぐるぐる描き」をクライエントに何に見えるかを尋ねて，それを形として描いて貰い，出来上がった絵についてクライエントに語ってもらう。形態のないなぐり描きを見て，クライエントが何かを見立て，セラピストはそれについて尋ねることで，クライエントが次々に連想を語っていく。セラピストは，クライエントが語るイメージを「きいていく」のである。そして，クライエントが新たな連想を働かせたときに，紙の交換により，新たな用紙に連想したことを描き，描くことで目の前に新たなイメージが表現され，それについてセラピスト

がさらに尋ね，クライエントが語り，その連想が働き，さらに連想が進んでいく。セラピストは連想が発展していく中で，紙を交換するタイミングを図り，クライエントの連想を豊かにする。セラピストは，クライエントが描いた絵について語ることを「きき」，それを元に連想が進んだときに紙を交換することで，クライエントの連想を援助していくのである。そこでは，「想像的なもの」としてのイメージが，語られることにより「現実的なもの」として実体化していき，クライエントの洞察が図られるのである。クライエントは絵を描くという行為によって，「想像的なもの」，「象徴的なもの」，「現実的なもの」の3つの次元との関係を有しながら，自らを構造化し，言語による再構成を図っていく。

　ここではイメージを捉えることで，イメージの表すものが何であるかが明らかになっていく。イメージとして表現されたものについてクライエントが語り，それをセラピストが「きく」ことにより，これまで抑圧されていた内面の無意識の内容が意識化されていくのである。

　紙の交換は1つの区切りであり，それが契機となってさらに連想が発展して，クライエントの内面が明らかになっていく。その区切りの例として，牧瀬先生はたまたまなった外部からの電話の例を挙げておられるが，確かに事例のクライエントにとってはトイレに立つきっかけになり，新たな展開となっていったが，会場で先生も同意されたように，面接室はクライエントとセラピストだけの空間で心の作業がなされる場であり，外部からの侵入は，電話なら無音状態にするなどして，避けることに留意した方がよいと思われる。

　しかしFreudの事例で，外部から突然声がかかり面接が中断したことで，治療の流れが変化したという記述もあり，どのような状況にあってもセラピストの判断が必要となる。Freudの事例であっても牧瀬先生の電話にしても，日常的に生じるわけではなく，紙の交換という意図した区切りとは異なるものと考えて良いと思われる。また，Jungは共時性として，治療場面で生じたことと同時期に外部でも同様のことが生じることがあり，それが治療の転換点になることがあると述べているが，これも頻繁に起こるわけではない。

　いずれにしても，牧瀬先生が創始された「描画連想法」は，クライエントのイメージの表出を容易にし，連想を発展させることでクライエントの内面にある無意識の内容が意識化されて，洞察が働くという，画期的な方法である。そ

## 心に浮かぶイメージの体験理解の過程

して牧瀬先生はクライエントがどのようなイメージを描くかと言うことよりも、イメージを介して自己の存在と向き合うことに着目することが重要であると述べておられる。

加藤先生は多様な表現媒体による芸術療法によって、イメージが形にされることで、クライエントの内面が映し出され、クライエントを理解していけると述べておられる。そして、芸術療法の中の構成法と呼ばれる、ある程度イメージの種が用意されていて組み合わせていく方法の中で、加藤先生が臨床で使われているコラージュとブロックの事例を紹介された。ブロックは日常的に玩具として用いられているが、基本ブロック、特殊ブロック、ミニフィグというものを準備して制作を促すことで、内面を映し出す表現媒体となり、近年、心理臨床や教育の場で用いられるようになって来ており、加藤先生は多くの事例に適用しておられる。ブロックはコラージュと同様に、一定の枠組みの中でイメージが表現されるものであり、守られた安心できる場での表現が可能となる。

コラージュやブロックによる表現は、他の芸術療法とは違う特性を持っていると考えられ、加藤先生は技法によりクライエントの体験過程が異なるので、それを捉えていこうとされた。1つはそれぞれの技法による心理特性を、他の心理テストと比較することにより、その心理テストが捉えているもので、表現媒体の特性を明らかにしようとされた。Big Five（5因子性格検査）やTEG（東大式エゴグラム）を用いてブロックでの表現の1つ1つの特徴と相関を取ることで、それぞれの媒体の特性を性格の特性で叙述され、媒体の用い方でどのような心理特性が働くかを明らかにしておられる。

また、心理療法の過程については主観的な解釈になりがちなので、それについて、客観的に測定していこうとして、「芸術療法体験尺度」を開発された。そこには、心理療法の過程で表出されるイメージという、ある意味ではとらえどころのないものも、客観的に捉えようとされる姿勢が大切にされている。

加藤先生の、主観的な内容を客観的に捉えようとされている点について考えると、心理療法開始前に、客観的な指標による測定を行い、心理療法の過程や終了時点などで、再度測定して比較することで、クライエントの体験過程が明らかになるとともに、心理療法の評価も可能となると思われる。

加藤先生は媒体の違いによる心理特性を分析して，クライエントの内部に起こる体験を技法ごとに図示し，内的世界で意識と無意識の交流があると述べておられるが，それだけでなく，クライエントの制作を見守るセラピストの内部にも同様の体験が生じるとされている。そして，クライエントとセラピストとの関係についても考察を進め，両者の交流によって，治療効果が展開されるので，セラピストはクライエントの特性に合わせて技法を選び，常にクライエントに寄り添っていくことが重要であると結んでおられる。

　心理療法はクライエントとセラピストとの関係によって成立するものであり，セラピストが見守る中で，クライエントは心に浮かぶイメージを眼前の用紙の上に表現し，その描画を共に味わい語り合うことで，自分自身の今まで気づかなかった面に気づいていくのである。そして，セラピストの側でもクライエントに寄り添い，その内面を理解していく中で，両者の関係はさらに深まっていく。その過程では，精神分析で転移・逆転移によって説明されているものだけでなく，セラピストの側にも常に変化が生じ，セラピスト自身の成長も図れるのであろう。

　以上のように3人の方の発表を振り返ってきたが，イメージとは何かという命題を解くのではなく，イメージを抱いているクライエントの体験過程を理解することが，心理療法の展開となることが明らかになったと思われる。心理療法は言語による洞察が重要ではあるが，心理療法は言語によるものだけではない。非言語的心理療法の中で表出されるイメージを，さまざまな技法で捉え，クライエントの認知の特性を明らかにし，内面に抱かれている感情や言語では表現されない思考を理解することで，クライエントの内的世界を理解し，クライエントの苦悩に向き合えるのである。

## 引用文献

Buck, J. N.　1948　The H-T-P Technique : A qualitative and quantitative scoring manual. *Journal of Clinical Psychology, Monograph Supplement*, **5** ;318-396.　加藤孝正・荻野恒一

（訳） 1982 HTP診断法. 新曜社
Goodenough, F. L. 1926 *Measurement of intelligence by drawing*. New York :World Book.
桐原葆見　1944　精神測定　東京三省堂
小林重雄　1977　グッドイナフ人物画知能検査法　三京房
大島　剛　2015　発達に沿った検査バッテリー：乳幼児期　高橋依子・津川律子（編著）　臨床心理検査バッテリーの実際　第3章　遠見書房
高橋雅春　1985　HTPPテスト　精神科ムック10　心理検査法　金原出版　pp.125-133.

# 特別講演

## 特別講演

# チンパンジーの描画

京都大学高等研究院 **松沢 哲郎**
（臨床描画研究, 33；58〜65, 2018）

## はじめに

　人間には，いつの時代にも，どこにでも，お絵かきすなわち描画行動が見られます。描画のばあい痕跡が残るので，人間（ホモ・サピエンス）の描画については，時代をさかのぼってある程度まで検証することが可能です。しかし，もっと古い時代を生きていたエレクタス人やアウストラロピテクス属，そうした化石人類の描画行動についてはわかりません。そこで，現在生きているもののなかで人間に最も近いチンパンジーを対象に，その描画行動を調べてみました。認知機能の発達を人間とチンパンジーで比較する研究プロジェクトの一環です（Matsuzawa et al., 2006；松沢，2011）。

　対面場面でその描画行動を見ました。描く道具としては刷毛とペンキ，絵筆と絵の具，筆と墨，マーカー，クレヨン，色鉛筆など，多様なものを使いました。紙は画用紙，色紙，半紙などです（図1）。

　たくさんのチンパンジーを相手にいろいろと試してみた結果，チンパンジーの描画行動について以下の3つのことがわかりました。

　第1に，自発的に描く。とくに食物等の報酬はいらない。

　第2に，具象画を描かない。赤いり

図1　自由描画をするチンパンジーのパル
（提供：松沢哲郎）

んごを見せたら赤で描くとか○を描くということはない。

　第3に，個性がある。長い線を好む者，短い線の者，点描を加える者など，見慣れるとタッチでだれだかわかる。

　以上が，チンパンジーの自由描画からわかったことです。

## Ⅰ　絵本へのいたずら描き

　自由描画でなく，「絵本へのいたずら描き」つまり「自由な描き込み」という行動もおもしろいと思いました（松沢，1995）。

　福音館書店から発行されているロングセラー絵本の中から13冊を選んで題材に使いました。まず絵本だけを与えました。被験者はアイです。最初，アイは絵本に熱心に見入っていました。たんねんに1枚ずつページを繰ります。

　ひとしきり絵本を見てもらったあと，アイに黒のマーカー（マジックペン）を与えました。そして，最初のページから見開きで1枚ずつ，そこに自由にいたずら描きしてもらいました。

　たとえば『しろいうさぎとくろいうさぎ』という絵本には，まんまるなお月さまが描かれています。そのページをめくったとき，アイはすぐにお月さまにマーカーでチェックしました。

　『こんとあき』という絵本には，駅のホームの場面があります。弁当を買うために並んでいる人々の風景が描かれています。アイは，そのひとりひとりに丁寧にチェックしていきました。

　イヌとネコが出てくる『たろうのひっこし』という絵本もおもしろい。イヌにはチェックするのですが，なぜかネコにはチェックしませんでした。どのページでも，イヌが描かれているとそれにマーカーで描きこみをするが，ネコの絵には何も描きこみません。ちょっと飛躍した解釈かもしれませんが，アフリカにすむライオンやヒョウなど，ネコ科の動物が天敵だからかもしれないですね。実際に野生チンパンジーはネコ科の動物に襲われた記録があります。

　必ずしも目立つものにチェックするとは限りません。ウクライナ民話の『てぶくろ』という絵本のように，絵にはいっさい触らずに，絵の周りだけをたんねんにマーカーでふちどることもあります。

ページを超えての場面変化に敏感なのにも驚きました。『こんとあき』という絵本のあかんぼう誕生の場面です。最初の見開きページには，窓辺に置かれたゆりかごのシーンがありました。ゆりかごの中はまだ空っぽです。次の見開きページには，ゆりかごにあかんぼうがいて，窓辺におもちゃがあるシーンが描かれていました。するとアイは，あかんぼうとおもちゃにチェックを入れたのです。ページを超えた「物語」を読み取っているのかもしれない，という可能性に思い到りました。

　絵本へのいたずら描き，という課題は，「自由な描きこみ」によってチンパンジーの内観を引き出す課題だといえるでしょう。内観，つまり心に浮かんだことを，ことばによる報告ではなくて，「チェックを入れる」という行為によって引き出す。

　こうすれば，ことばの障壁を超えて，外国人にも，ことばの不自由な人や，乳幼児や，人間以外の動物にも適用できます。さらには，ロールシャッハテストやバウムテストという図版や絵柄や描画を利用した性格検査等にも，いたずら描き，つまり「自由な描きこみ」の手法が使えます。応用が広がります。

## II　チンパンジーの描画研究

　こうしたチンパンジーを対象とした描画行動の研究には古い歴史があります。おそらく3つの理由があります。
　①絵筆と紙があればかんたんにできる，
　②できあがった作品が興味深い，
　③飼育下のひまをもてあます環境のチンパンジーにとって福祉の向上につながる。

　デズモンド・モリスの『美術の生物学—類人猿の画かき行動』という本で，チンパンジーの描画が詳しく取り上げられています。チンパンジーたちの絵は展覧会にも供されました。2005年に大阪芸術大学で開催された「アーツ・アンド・エイプス（芸術と類人猿）」という展覧会です。2018年3月24日から9月末日までは，公益財団法人日本モンキーセンターで，同様に類人猿の絵画展が開催されます。

チンパンジーの描画については，コンピューター技術の発展を下敷きにした新しい動きもあります。京都大学霊長類研究所でも，田中正之さんが，指でタッチパネルを触る方式で，コンピューターお絵かきをチンパンジーで試しました（Tanaka et al., 2003）。

　この方法には明確な利点があります。描き終わった最終作品だけでなく，絵を描く過程を正確に再現できることです。最初から最後まで，自動的に描画の軌跡を再現する。そうすると，静止した最終結果の絵ではなくて，それを制作していく過程がわかります。ひとつのストロークつまり一筆で描く線の解析もできます。どれくらいの長さでどこにどう描くのか。コンピューターを利用した解析から新しい描画研究が生まれるでしょう。

## III 描きたす課題

　「絵本へのいたずら描き」「自由な描きこみ」というアイデアを発展させて，あらかじめ描かれたものに「描きたす」課題を齋藤亜矢さんが考案しました（Saito et al., 2014）。

　チンパンジーとの比較によって，人間が手に入れた想像するちから，つまりイメージするちからと，創造するちから，つまり創り出すちから，その関わりを明確にした研究です。日本語の総説としても読めます。『ヒトはなぜ絵を描くのか──芸術認知科学への招待』（岩波書店）という齋藤さんの著書に成果がまとめられているのでぜひ参照してください。

　チンパンジー7人と人間の子ども57人（6-38か月齢）を対象にした研究です。チンパンジーのアキラの顔写真をもとに線画でスケッチをおこしました。つまり，アキラの顔が線だけで描かれています。その原画をもとに，片目だけない，もう一方の目がない，両目がない，目も鼻も口もなくて顔がのっぺらぼう，というような変形を加えたスケッチを用意しました。それを被験者であるチンパンジーや子どもに見せて，黒いマーカーを渡して，自由に描きたすように促しました。

　たとえば片目しかない図版のばあい，チンパンジーはその目に注目して，その目を塗りつぶします。「ここに目があるよ」ということなのでしょう。絵本

へのいたずら描きと，基本的に同じです。それに対して人間の子どもでは，ないほうの目を描きたします。「おめめがないよ」と，わざわざそう言って描く子もいます。

　たとえば目も鼻も口もない図版のばあい，チンパンジーは，顔の輪郭をなぞります。そこにある輪郭線に沿って塗るのです。それに対して人間の子どもでは，顔の輪郭の中の，何も描かれていない部分に，目を描き，鼻や口を描きます。そうしたチンパンジーはいません。空白の部分を補うように描きたすチンパンジーはいないのです。

　以上は事実ですが，解釈を考えました。チンパンジーは今そこにあるものを見ている。人間は今そこにないものを考える。

　チンパンジーは目の前にあるものを見ています。そう考えると，一瞬で数字を記憶する能力も理解できます。チンパンジーは人間よりも優れた瞬間記憶をもっています（Inoue and Matsuzawa, 2007）。たった一瞬とはいえ目の前にあった。それを記憶するのは得意です。人間は，目の前にあるものを見て，その意味をとらえようとします。その意味をとらえて，そこにないものに思いをはせる。想像するちから，それが人間とチンパンジーを大きく隔てていると思いました。

## Ⅳ　なぜ具象画を描かないのか

　チンパンジーの描画について述べてきました。「具象画を描かない」，つまり赤いりんごを見せたら赤で描くとか○を描くということはない。そのことをもう一度取り上げます。

　人間の子どもは，どの時代のどの文化で育っても，だいたい生後9か月から1歳半までのあいだに「指差し」を始めます。人差し指を立てて，遠くのものを指差す。指差しの機能は多様です。まさに指示，何かをとってほしいという要求に使われます。でも，共感の指差しというのもあります。鳥が飛んでいたとしましょう。「ほら，あれ見て」と指差す。並んで座っていて，ほらあれ見て，と指差す。それをとってほしいわけではない。一緒に見ること，そこに意義があります。

平田聡さんと明和政子さんらが，人間の1歳児とチンパンジーで，視線についての興味深い実験をしました（Myowa-Yamakoshi et al., 2012）。卓上型のアイトラッカー，視線検出器を使います。みかけはテレビのモニターです。画面の下に赤外線の検出器があります。画面の前に座っている人に，目には見えない赤外線をあてて，目の角膜の反射を利用して，その人が画面のどこを見ているかを検出する装置です。

　画面にビデオ映像が映し出されます。若い女性がオレンジジュースのびんをもっていて，そのジュースをコップに注ぐ場面です。まったく同じビデオを，人間の1歳児とチンパンジーが見ました。

　その結果，チンパンジーはつねにオレンジジュースを見ています。ジュースしか見ていません。ところが人間の子どもは，若い女性，目の前のおねえさんの顔を見上げて，オレンジジュースを見て，また女性の顔を見上げます。チンパンジーは，自分とジュースという2項，つまり2つの項目だけの世界にいます。でも人間は，自分と目の前のおねえさんとジュースという3項，つまり3つの項目の世界にいます。人間は，つねに他者とのかかわりのなかでこの世界を見ている。

　チンパンジーのお絵かきでいえば，チンパンジーは絵筆と紙に集中しています。絵筆を紙に押し当てる，それだけに集中しています。その外にあるりんごにまで注意が向かない。またお絵かきを見守るわたしにも注意は向きません。

　人間は，3項関係の世界にいますから，絵筆と紙の外にあるりんごや，さらにはお絵かきを見守る人と関係づけて，お絵かきをしているのだと理解できるでしょう。

## V 描画の進化的起源

　では，描画の本質は何で，どのようにして進化してきたのでしょう。そもそも描画が進化する，というような設問は聞いたことがありません。でも心が進化の産物ならば，言語も進化の産物であり，描画も進化の産物ですね。

　描画の起源を考えて，「想像するちから」に行きつきました。チンパンジーは今そこにあるものを見ている。人間は今そこにないものを考える。チンパン

ジーは目の前にあるものを見ています。それを記憶するのは得意です。一方，人間は，目の前にあるものを見て，その意味をとらえようとします。その意味をとらえて，そこにないものに思いをはせる。想像するちからです。想像するちからがあるので，相手の心を理解する心が芽生えました。

　描画とは何か。ひとつは想像するちからを伸ばすことだと思います。想像するちからがあるから描くのですが，描くことで想像するちからが育まれると考えました。より豊かな想像するちからを育むことで，より深く他者の心を理解し，他者とかかわる知性を伸ばすと考えています。

　描画は，分かち合うものだとも思います。子どものお絵かきで，見守る母親に同意を求める。そうした場面の意義に思いがいたります。見て楽しむ絵画と同様に，音楽では声を合わせ息を合わせる。料理では食卓を囲み一緒に食べる。そうして，喜びを共有し感動を分かち合う。そこに描画という行動の起源を考えました。

**謝辞**
　本稿は，日本描画テスト・描画療法学会第27回大会の特別講演をもとにしたものです。日本描画テスト・描画療法学会『臨床描画研究』編集委員会から，『臨床描画研究第33巻』の編集にあたり採録したいと寄稿を依頼されました。特別講演と時を同じくして，NHKラジオの「こころを読む」という番組で「こころの進化を探る：はじめての霊長類学」と題した講義をしました。その中で描画についてまとめて語ったその部分をもとにして本原稿を執筆しました。発表のもととなる研究そのものは，科学研究費補助金・特別推進研究（＃20040001，＃16H06283）ならびに日本学術振興会先端研究拠点形成事業CCSN，リーディング大学院PWS(LGP-U04)の支援を受けています。上記の機関，京都大学霊長類研究所，ならびに本研究にかかわる方々とチンパンジーたちに感謝します。

## 引用文献

Inoue, S. & Matsuzawa, T.　2007　Working memory of numerals in chimpanzees. *Current Biology*, **17**, R1004-R1005.
松沢哲郎　1995　チンパンジーはちんぱんじん　岩波書店
松沢哲郎　2011　想像するちから　岩波書店
Matsuzawa, T., Tomonaga, M., & Tanaka, M.　2006　*Cognitive development in chimpanzees*. Tokyo: Springer.
Myowa-Yamakoshi, M., Scola, C., & Hirata, S.　2012　Humans and chimpanzees attend

differently to goal-directed actions. *Nature Communications*, **3**, 693.
https://www.nature.com/articles/ncomms1695

Saito, A., Hayashi, M., Takeshita, H., & Matsuzawa, T.　2014　The origin of representational drawing: A comparison of human children and chimpanzees. *Child Development*, **85**, 2232-2246.
https://onlinelibrary.wiley.com/doi/full/10.1111/cdev.12319

Tanaka, T., Tomonaga, M., & Marsuzawa, T.　2003　Finger drawing by infant chimpanzees (*Pan troglodytes*). *Animal Cognition*, **6**, 245-251.

# 研究論文

# バウムの描画に伴うイメージの生起と変容に関する研究

大阪樟蔭女子大学　奥田　亮
(臨床描画研究, 33：68〜82, 2018)

## Ⅰ　問題と目的

　バウムテストは，我が国における代表的な心理検査・描画法のひとつであり，心理臨床において昔も今も使用頻度の高い投映法である（小川，2012）。他の多くの描画法と同じく教示されたものを描くという課題画であり，バウムテストの場合は実のなる木を描くように求められる。通常バウムテストを含む描画法では，描かれた絵の全体や各パーツの象徴的な意味，統計的・発達的・事例的に見出された傾向，あるいはその絵や描かれ方に投映されると考えられる心理的特徴・特性を想定して，解釈が行われる。バウムテストであれば，木全体や幹・枝・樹冠・根・実等の部位，その有無や形態，大きさや位置・強調された部分等について解釈される（Koch，1957）。（なお以下本論文では，バウムテストとして描くように求められた「木」や，そこで思い浮かべられ描き出された「木」を，バウムテスト場面という特定の条件下で表れた「木」イメージや表象として考え，基本的に「バウム」と呼ぶことにする。）

　ここで，バウムがどのようなプロセスを経て描かれるか，もう少し丁寧に考えてみたい。まず「実のなる木を一本描いて下さい」等と教示を受けた描画者の多くは，実際にバウムを描き出す前に，何らかのバウムイメージを思い浮かべると考えられる。そのようなバウムイメージは，描画を始める段階においてどの程度明瞭なものとして，描画者の脳裡に浮かんでいるのであろうか。もしイメージが比較的はっきりしている場合，思い浮かべているバウムの表象を紙面に「再現」して描こうとするであろう。一方，描く前にバウムイメージがさほどはっきりしておらず，「何となく」「ぼんやり」思い描いている時には，ま

ずは描き始めてみることで，描こうとするバウムイメージ・形がはっきりしたり生成されたりするので，それに従ってバウムを描き出していくと考えられる。中には，全く何も考えずに描き出すという者もいるかもしれない。バウムが描かれる前にどの程度"予見されている"か，その程度やバウムイメージの生成のされ方には個人差があるであろう（中津・関，2016；近藤，2016）。

　しかし，思い浮かべられたバウムイメージは，必ずしも正確に描き出される訳ではない。今から絵を描いて欲しいのですが，とこちらが告げると「絵は苦手なので‥」と躊躇したり，描画中や描画後に「なんだか変ですね」と自らの絵に言及したりする描画者は少なくない。このように，思ったように描けないこと，描いてみると思い描いたイメージとどこか違ってしまうことは，いわゆる「絵の上手・下手」という描画技術の問題としてしばしば捉えられる。しかし例えば「描線のコントロールが悪い」「輪郭を上手く形作れない」「全体を見ながら各部の明細化がしにくい」といった描画行為や視覚協応運動に関連する心理的諸要因，あるいはバウムの各部を描くことが誘発する体験やイメージの影響（奥田，2005；奥田，2012）等，「絵を描くこと」に含まれる心理的諸要素を考えると，それらは単純な描画の巧拙で片付けられる話でもないであろう。その意味では，「描かれたバウムが個人の心理的傾向を示す」という考えは，

　①「思い浮かべられたバウムイメージに，その個人の心理的傾向が表れている」という側面と，

　②「バウムイメージをどう紙面に描くか（描き方の特徴）に，その個人の心理的傾向が表れている」という側面

が含まれていると言える。

　さらに 描き進める中で出来上がってくる絵を，自らのバウムイメージと照合・吟味するほど，描こうとするバウムイメージが明瞭になったり変容したりして，当初思い浮かべたバウムと最終的に描いたバウムに違いが生じることもある（中津・関，2016；近藤，2016）。一方，自身のバウムイメージや描いた絵が「しっくりくるか」という感覚にさほど拘泥しない描画者の場合は，そのようなズレが生じることが少ないと考えられる。そこで，

　③「バウムイメージとのやりとり・関わり方に関する，その個人の態度や心理的傾向が描画表現に影響を与えている」という側面

があると考えられる。この自らのイメージとやりとりしながらバウムを描き出す態度は，内的世界の表出と洞察に繋がるため，しばしば治療的な意味合いを持つことが事例研究等でよく示されており（例えば中野（2005），倉西（2016）等），その意味でも重要な要素であると言えよう。

　こう考えると，一般にバウムテストにおいて我々が解釈しているのは，単に「描き手のバウムイメージ」そのものではなく，そこに「描画行為」，「イメージと描画の照合によるバウムの変容」という要素を加えた結果としての「描かれたバウム」を理解しようとしているのだ，と認識しておくことは重要であると思われる。

　このように，バウムテストにおいて思い浮かんだバウムイメージを描き出すことが上手くできなかったり，当初のイメージが描いているうちに変わってきたりして，はじめのバウムイメージと描画との不一致が生じるという現象は少なからず起こりうるものであり，その一連のプロセスの内実について実証的に捉えておくことは，バウムテストの解釈について考えていく上で重要ではないかと考えられる。またこれらのバウムイメージの生成，描出，変容体験は，バウムの各部位（幹，樹冠，枝，実，根，等）によって異なる可能性があり，その違いはバウム各部位を描くことの意味合いを理解する上でも重要であると考えられる。

　さらにこういったことは，バウムテストを過去に経験したことがあるか否かによって異なる可能性がある。経験者は，以前描いたバウムを想起して描いたり，一度描いた経験を踏まえて，より納得のいくバウムを描こうとしたりするなど，初めてバウムを描く者とイメージ想起や描画プロセスの体験に違いがあるかもしれない。

　そこで本研究では，バウムを描き始める前の描画者のバウムイメージとその後のイメージの変容を含む描画体験に焦点を当て，描画前のバウムイメージはどのように・どの程度思い浮かべられているのか，そのイメージはどの程度「正確に」描かれるのか（イメージと絵の一致・不一致感），描画中バウムイメージはどの程度変容するのか，を調査によって捉え，それらをバウムの部位やバウムテストの経験の有無を含めて分析することを目的とする。具体的には，バウムを描くように教示を行った後，描線を一筆描いた段階で描画を止め，そこ

で描画開始前のバウムイメージとその変容について問い，その後バウムを描き進めた後，再度バウムイメージの変容や描画との不一致感について尋ねる。

# II 方法

**(1) 調査対象者**

女子大学生61名（平均年齢19.8歳，$SD = 1.40$）

**(2) 調査期間**

2015年1月～2016年5月

**(3) 手続き**

調査は個室にて一対一で個別に行われた。被調査者に対して研究への協力承諾の確認が行われた後，この調査においては"調査者がカウンセラーあるいは検査者で，被調査者が教示を受けて絵を描くという状況"すなわち心理検査を受ける場面として想定してもらうよう教示した。その上で鉛筆（2B）と消しゴム，A4ケント紙を縦にして渡し，「実のなる木を一本描いて下さい」と教示した。描画者が紙面に描線を一本描き終えたところで，描画を一旦止めるように求めた[1]。そして，次の質問①・②のように尋ねた。

**質問①**「今，鉛筆で木を描き始めるその前に，描こうとする木をどの程度思い浮かべていましたか？」「かなりはっきり思い浮かべていましたか，何となくイメージしていましたか，ほとんどあるいは全く思い浮かべていませんでしたか？」はっきり又は何となく思い浮かべていた場合，どういった点（例えば木の各部位，等）をどの程度思い浮かべていたか，をさらに確認した。

**質問②**「描き出してからはどうでしたか？」「木を思い浮かべていたとしたら，そのイメージは描く前のままでしたか，描き始めることで少し変わったり，イメージがより鮮明になったりしましたか？」「木を思い浮かべていなかったとしたら，木を描き始めてそれがはっきりしてきましたか？」

その後，描く前に思い浮かべていた木のイメージがあれば，その木を一筆目に引き続き描いてみるように求めた。その際，あくまで描画前に思い浮かべていた木のイメージを描くように求め，描いているうちに付け足したくなったとしてもそれは描かず，はじめに思い浮かべていたイメージのみを描くように教

示した(例えば,幹のイメージしか思い浮かんでいなかった場合は,幹のみ描かせた[(2)])。そして,描き終えた木(はじめに想起したバウムイメージの描画)を見て,次の質問③を行った。

**質問③**「描いた木はしっくりきますか,違和感がありますか? あるとすればどこですか?」「付け足して描きたいところはありますか?」

最後に,その他に調査者が気になった点について尋ね,裏面にサインしてもらい,これまでのバウムテストの経験回数を聞いた。以上は被調査者の了解の下,デジタルビデオカメラで撮影された。

## III 結果と考察

分析にあたっては,まず各被調査者の質問①~③に対する回答の逐語録を動画データから作成し,その内容を整理した。

まず,質問①"描画前にバウムのイメージをどの程度思い浮かべていたか"に対する被調査者の回答をもとに,描画前のバウム全体のイメージ(形のイメージの明瞭度)について「かなりはっきりあり」「比較的はっきりあり」「ぼんやりあり」「イメージなし」のいずれかに分類し,さらにバウムの各部位についても「イメージあり」「ぼんやりあり」「イメージなし」に分類した。また,バウムの大きさや紙面上の位置のイメージに言及があったか否かも分類した。そして,バウム描画体験者30名(経験回数1~5回)と未経験者31名に群を分け,上記の分類の度数,生起率を算出して表にし,Fisherの直接確率による分布差の検定を行った(表1-1~1-9)。表1-2~1-7から,バウム各部位について描画前に想起されていた比率を比較できるようにまとめたのが図1である。

表1-1より,描画前にバウム全体の形のイメージをかなりはっきり思い浮かべていたと判断される者が全体で26.2%,比較的はっきり思い浮かべていた者が41.0%,ぼんやりと思い浮かべていた者が26.2%,イメージなく描き始めた者が6.6%であった。この結果から,明瞭さにはばらつきがあるものの,描きはじめる前にバウムのイメージを一定程度思い浮かべている場合がほとんど(9割以上)であることが分かった。一筆終了時に質問しているため虚記憶的

表1-1　描画前のバウム全体のイメージ（形の明瞭度）

数字は人数（％）

| バウム描画経験 | イメージなし | ぼんやりあり | 比較的はっきりあり | かなりはっきりあり |
|---|---|---|---|---|
| 経験者群 ($N=30$) | 3 (10.0%) | 9 (30.0%) | 10 (33.3%) | 8 (26.7%) |
| 未経験者群 ($N=31$) | 1 (3.2%) | 7 (22.6%) | 15 (48.4%) | 8 (25.8%) |
| 全体 ($N=61$) | 4 (6.6%) | 16 (26.2%) | 25 (41.0%) | 16 (26.2%) |
| Fisherの直接確率検定 | $p=0.5531$ | n.s. | | |

表1-2　描画前のバウムの幹イメージ

数字は人数（％）

| バウム描画経験 | イメージなし | ぼんやりあり | イメージあり |
|---|---|---|---|
| 経験者群 ($N=30$) | 2 (6.7%) | 1 (3.3%) | 27 (90.0%) |
| 未経験者群 ($N=31$) | 0 (0.0%) | 3 (9.7%) | 28 (90.3%) |
| 全体 ($N=61$) | 2 (3.3%) | 4 (6.6%) | 55 (90.2%) |
| Fisherの直接確率検定 | $p=0.3585$ | n.s. | |

に描画前のバウムイメージが生じている可能性もありえるが，被調査者らが質問に内省する様子を見ていると，多くの場合何らかのバウムイメージが浮かんでいたことは間違いないと思われる。初めてバウムテストを体験する者の方が描画前にバウムの全体イメージがないのではないかとも考えられたが，統計的検定からは経験による違いは見られなかった。

　次に，バウムの各部位の描画前のイメージの有無について見ていくと，表1-2より，描画経験の有無にかかわらず，幹のイメージは描画前にほぼ想起されていた（96.7%）ことがわかる。一筆目が樹冠から描き始められていた時でも，バウム全体の形ははっきりせずとも[3]，幹のイメージはかなり高い確率で何らか思い浮かべられていた。これは，幹がバウムにおける最も基本的で安定的な部位であり（Koch, 1957；青木, 1986），素質ないしは内的規定性が強く反映される（山中, 1973）ことと関連していると考えられる。すなわち幹は「その時々で思いつきで描かれる」のではなく，描画者にとってかなり固有の「幹イ

### 表1-3　描画前のバウムの樹冠（輪郭）イメージ

数字は人数（％）

| バウム描画経験 | イメージなし | ぼんやりあり | イメージあり |
|---|---|---|---|
| 経験者群（$N=30$） | 3（10.0％） | 5（16.7％） | 22（73.3％） |
| 未経験者群（$N=31$） | 1（3.2％） | 1（3.2％） | 29（93.5％） |
| 全体（$N=61$） | 4（6.6％） | 6（9.8％） | 51（83.6％） |
| Fisherの直接確率検定 | $p=0.1133$ | n.s. | |

### 表1-4　描画前のバウムの枝イメージ

数字は人数（％）

| バウム描画経験 | イメージなし | ぼんやりあり | イメージあり |
|---|---|---|---|
| 経験者群（$N=30$） | 25（83.3％） | 0（0.0％） | 5（16.7％） |
| 未経験者群（$N=31$） | 23（74.2％） | 5（16.1％） | 3（9.7％） |
| 全体（$N=61$） | 48（78.7％） | 5（8.2％） | 8（13.1％） |
| Fisherの直接確率検定 | $p=0.0693$ | $p<.10$ | |

メージ」が元々あるのであり，「幹を描く」ことは，「すでに自分の中にある幹の感覚を，どのように紙面に描出するか」という要素を強く含んでいると言えよう。

　樹冠[4]も，はっきりとしたイメージの生起率は幹にやや劣るものの，描画前からよくイメージされている部位であると言える（表1-3）。数値としては経験者の方が，樹冠イメージが曖昧である，または無いという比率が高いように見受けられるが，統計的に有意な差はなかった。

　一方，枝については，表1-4のように描画開始前にイメージしている者が比較的少ない（21.3％）ことが分かる。通常バウムテストにおいて，最終的に枝が描かれる比率はより高いと考えられる（例えば中島（2016）では，小学校6年生で8割以上が「主枝あり」とされるバウムを描いている他，佐渡（2016）が報告している大学生を対象としたいくつかの調査では，枝の出現率が33〜

表1-5 描画前のバウムの実イメージ

数字は人数（％）

| バウム描画経験 | イメージなし | ぼんやりあり | イメージあり |
|---|---|---|---|
| 経験者群<br>（N＝30） | 13<br>（43.3％） | 1<br>（0.0％） | 16<br>（53.3％） |
| 未経験者群<br>（N＝31） | 7<br>（22.6％） | 5<br>（16.1％） | 19<br>（61.3％） |
| 全体<br>（N＝61） | 20<br>（32.8％） | 6<br>（9.8％） | 35<br>（57.4％） |
| Fisherの直接確率検定 | $p=0.1101$ | n.s. | |

表1-6 描画前のバウムの根イメージ

数字は人数（％）

| バウム描画経験 | イメージなし | ぼんやりあり | イメージあり |
|---|---|---|---|
| 経験者群<br>（N＝30） | 25<br>（83.3％） | 0<br>（0.0％） | 5<br>（16.7％） |
| 未経験者群<br>（N＝31） | 16<br>（51.6％） | 2<br>（6.5％） | 13<br>（41.9％） |
| 全体<br>（N＝61） | 41<br>（67.2％） | 2<br>（3.3％） | 18<br>（29.5％） |
| Fisherの直接確率検定 | $p=0.0168$ | $p<.05$ | |

62％程度である）ため，枝は描画中にそのイメージが生成されやすい部位であると考えられる。言いかえれば，枝は描画中に「生えてくる」ことが多い部位であると言えよう。これと対照的に，実は枝よりも描画前から思い浮かべられている比率が高い（67.2％）ことが表1-5から見て取れる。教示が「実のなる木」であることが強く影響しているためと考えられるが，バウムテストにおいて実が所与のもの（初めからあるもの）として描かれている点が興味深い。根は枝に比べると描画前にイメージされているが，割合としては高くない（32.8％，表1-6より）。地面は枝と同じく描画前のイメージ生起率が2割程度（19.7％）であるが，イメージの有無がはっきりしているのが特徴である（表1-7）。

枝・実・根の各部は，バウム描画経験によって，描画前のイメージ生起率が異なっている。描画前の枝イメージは未経験者の方がぼんやり抱いている傾向があり（$p=0.0693$，$p<.10$），根は経験者の方が描画前のイメージが生じてい

表1-7　描画前のバウムの地面イメージ

数字は人数（％）

| バウム描画経験 | イメージなし | ほんやりあり | イメージあり |
|---|---|---|---|
| 経験者群 (N=30) | 22 (73.3%) | 0 (0.0%) | 8 (26.7%) |
| 未経験者群 (N=31) | 27 (87.1%) | 0 (0.0%) | 4 (12.9%) |
| 全体 (N=61) | 49 (80.3%) | 0 (0.0%) | 12 (19.7%) |
| Fisherの直接確率検定 | $p = 0.2113$ | n.s. | |

表1-8　描画前のバウムの大きさイメージ

数字は人数（％）

| バウム描画経験 | 言及なし | 言及あり |
|---|---|---|
| 経験者群 (N=30) | 16 (53.3%) | 14 (46.7%) |
| 未経験者群 (N=31) | 23 (74.2%) | 8 (25.8%) |
| 全体 (N=61) | 39 (63.9%) | 22 (36.1%) |
| Fisherの直接確率検定 | $p = 0.1138$ | n.s. |

ない（$p = 0.0168$，$p < .05$）。つまりバウムテスト経験者の場合，シンプルに幹や樹冠等の主要部位を描画前に思い浮かべ，描画プロセスが進む中で各部位のイメージが生成されやすいことが窺える。それに比べると，未経験者は根も含んで，もう少し詳しくバウム全体を初めからイメージしている傾向がある。枝については，今回の調査において被調査者が描画前の枝イメージに言及した場合，ほとんどが幹先端の分枝を指しているため，未経験者は経験者に比べ，幹先端を漠然と曖昧に思い浮かべていることを示しているとも考えられる。

　描画前のバウムイメージを尋ねた時，大きさについても言及されること（例えば「大きな木をイメージしました」等）があった（36.1％，表1-8）。この大きさは，思い浮かべられたバウムイメージの大きさ（「大きな木」）であるのか，描こうとするバウムの紙面に対する大きさ（「大きく描こう」）であるのかはっきりしない場合もあった。位置については，経験者のみコメントしており

表1-9　描画前のバウムの位置イメージ

数字は人数（％）

| バウム描画経験 | 言及なし | 言及あり |
|---|---|---|
| 経験者群<br>（$N=30$） | 25<br>(83.3%) | 5<br>(16.7%) |
| 未経験者群<br>（$N=31$） | 31<br>(100.0%) | 0<br>(0.0%) |
| 全体<br>（$N=61$） | 56<br>(91.8%) | 5<br>(8.2%) |
| Fisherの直接確率検定 | $p=0.0240$ | $p<.05$ |

（$p=0.0240$，$p<.05$）、経験者の方が紙面という空間をより意識してバウムを描くことが窺える[5]（表1-9）。

これらをまとめた図1を見てみると、各部位の描画前に思い浮かべられている比率は幹と樹冠（包冠線）が高く、枝の想起率がかなり低いことが分かる。

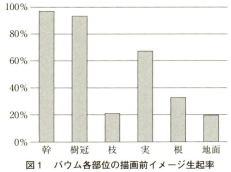

図1　バウム各部位の描画前イメージ生起率

バウムを描く者にとって、バウム全体を思い浮かべる時に幹と樹冠が基本構成要素となっていること、枝あるいは幹の先端部分のイメージは描画前には多くの場合（特に未経験者にとって）、明瞭でないことが明らかとなった。

次に、"一筆描いた後に木のイメージに変化等があったか"という問い（質問②）に対する被調査者の回答を表2にまとめた。

バウムを描き始め、一筆入れてすぐの段階では、「バウムのイメージは変化していない」と述べる被調査者が過半数（55.7％）である。一方で、「イメージがはっきりしてきた」といったバウムイメージの鮮明化を述べた者、あるいは「大きく／小さく描き過ぎた」「大きさが違う」「位置を間違えた」等、幹および樹冠のサイズに関わって、はじめに思い描いていたイメージと異なった描線となった、という者も4割以上いた。一筆目の時点で既に、一定のバウムイメージの鮮明化や違和感が生じうることが確認された。これらには、経験による

表2　一筆止め直後のバウムイメージ

数字は人数（％）

| バウム描画経験 | 変化なし | バウムイメージの鮮明化 | 大きさの違和感 | 位置の違和感 | 形の違和感 | その他 |
|---|---|---|---|---|---|---|
| 経験者群<br>（N＝30） | 13<br>（43.3％） | 5<br>（16.7％） | 6<br>（20.0％） | 3<br>（10.0％） | 1<br>（3.3％） | 2<br>（6.7％） |
| 未経験者群<br>（N＝31） | 21<br>（67.7％） | 3<br>（9.7％） | 2<br>（6.5％） | 1<br>（3.2％） | 3<br>（9.7％） | 1<br>（3.2％） |
| 全体<br>（N＝61） | 34<br>（55.7％） | 8<br>（13.1％） | 8<br>（13.1％） | 4<br>（6.6％） | 4<br>（6.6％） | 3<br>（4.9％） |
| Fisherの直接確率検定 | p＝0.2582 | n.s. | | | | |

違いは見られなかった。

　最後に，"（描画前に浮かんだバウムイメージを）描いてみて，違和感や付け足したいところはないか"という問いに対する被調査者の回答について，「違和感がある」「加筆したい」[6]と言及された部位別について，その度数と生起率を表にした（表3-1および表3-2）[7]。

　表3-1を見ると，描画前に思い浮かべていたバウムイメージを実際に描き出して違和感が生じる部位は，全体として樹冠部分[8]が最も多く（26.2％），具体的な回答としては「もっと大きい（又は小さい）イメージだった」等が見られた。また，描画未経験者は枝や実に違和感を抱くことが多い（$p=0.0125$；$p=0.0240$；いずれも$p<.05$）。全体として，根や地面は違和感が生じることが少なかった（3.3％，0％）。バウムテストにおいて，特に初めてバウムを描く者にとって，バウム各部位の中では幹より上部，枝や実も含む樹冠全体に不一致感を感じやすい，と言える。

　一方，「もう少し描き足したい」といった，加筆したい部位（表3-2）は，全体で実が最も多く（27.9％），根が少ない（3.3％）。「幹」の加筆については，樹皮の模様を描き足したいという者が多く，樹冠部分については「樹冠内部にモコモコとした茂みの描写を足したい」等があった。加筆に関して，経験者と未経験者による差は見られなかった。

　上記の者とは異なって，描画前のバウムイメージを描いた結果「違和感が特にない」という者は全体で34.4％（表3-1），「付け加えたいところはない」という者は29.5％（表3-2），とそれぞれ3割前後であったが，「違和感も，付け

表3-1　描画前のバウムイメージを描いてみて違和感を感じた部位

数字は人数（％）

| | 幹 | 樹冠 | 枝 | 実 | 根 | 地面 | その他の部位 | 大きさ | 位置 | なし |
|---|---|---|---|---|---|---|---|---|---|---|
| 経験者群 (N=30) | 4 (13.3%) | 8 (26.7%) | 1 (3.3%) | 0 (0.0%) | 0 (0.0%) | 0 (0.0%) | 4 (13.3%) | 5 (16.7%) | 2 (6.7%) | 13 (43.3%) |
| 未経験者群 (N=31) | 8 (25.8%) | 8 (25.8%) | 9 (29.0%) | 6 (19.4%) | 2 (6.5%) | 0 (0.0%) | 10 (32.3%) | 3 (9.7%) | 3 (9.7%) | 8 (25.8%) |
| 全体 (N=61) | 12 (19.7%) | 16 (26.2%) | 10 (16.4%) | 6 (9.8%) | 2 (3.3%) | 0 (0.0%) | 14 (23.0%) | 8 (13.1%) | 5 (8.2%) | 21 (34.4%) |
| Fisherの直接確率検定 | n.s. | n.s. | $p < .05$ | $p < .05$ | n.s. | n.s. | n.s. | n.s. | n.s. | n.s. |

表3-2　描画前のバウムイメージを描いてみて加筆したいと思った部位

数字は人数（％）

| | 幹 | 樹冠 | 枝 | 実 | 根 | 地面 | その他の部位 | なし |
|---|---|---|---|---|---|---|---|---|
| 経験者群 (N=30) | 5 (16.7%) | 5 (16.7%) | 6 (20.0%) | 8 (26.7%) | 1 (3.3%) | 5 (16.7%) | 4 (13.3%) | 10 (33.3%) |
| 未経験者群 (N=31) | 3 (9.7%) | 4 (12.9%) | 6 (19.4%) | 9 (29.0%) | 1 (3.2%) | 2 (6.5%) | 5 (16.1%) | 8 (25.8%) |
| 全体 (N=61) | 8 (13.1%) | 9 (14.8%) | 12 (19.7%) | 17 (27.9%) | 2 (3.3%) | 7 (11.5%) | 9 (14.8%) | 18 (29.5%) |
| Fisherの直接確率検定 | n.s. | n.s. | n.s. | n.s. | n.s. | n.s. | n.s. | n.s. |

加えたいところも，共にない」という者，すなわち描画前のバウムイメージが，描いたバウムイメージと全く同一である，という者は経験者4名（13.3%），未経験者3名（9.7%）で，全体としては1割程度（11.5%）であった。このことから，描画前のバウムイメージは多くの場合（約9割），描いてみると違和感があったり加筆したりするため，描画前のイメージのまま描かれないことが示された。

## Ⅳ　まとめと今後の課題

　以上の結果と考察を，バウムの描画プロセスに沿ってまとめると次のようになる。

　バウムイメージは多くの場合，描く前にある程度思い浮かべられている。特

に幹と樹冠（包冠線）は当初からイメージがある。

　はじめに思い浮かべたバウムイメージを一筆描出した時点で，イメージが鮮やかになったり，すでに描いたバウムに違和感が出たりするなど，当初のイメージと描画の差が生じることが少なからずある。

　さらに描画を進めると，描かれたバウムに何らかの違和感を感じたり，付加して描きたくなったりする場合がほとんどであり，描画前のバウムイメージが最終的にそのまま紙面に示されるとは，多くの場合言えない。

　バウムを過去に描いたことがあると，描画前に幹や樹冠等の主要部分をまずおおまかに思い浮かべる傾向がある。枝や実の描写とイメージの違和感が少ないのは，描画プロセスの中でバウムの細かな部分を，自らのバウムイメージにアクセスしながら生成していく傾向があるため，と考えられる。その意味では，バウムを描く回数を重ねる中で，内的イメージの表現がより活性化され，バウムテストの治療的側面が高まると言えるかもしれない。

　それに比べ，バウムテストの未経験者は根などの部分まで描画前に比較的イメージしている一方，幹先端部のイメージがあいまいで，描画後も樹冠部分あるいは幹先端処理への違和感が生じやすい。幹先端処理は，特に未経験者にとって，やはりバウムを描く上での課題となるポイントであることが示されたと言えよう。

　本研究の課題として，以下のことが挙げられる。

　第一に，今回の調査対象は女子大学生のみであり，性別・年代的な偏りがある。青年期女子では，いわゆるマンガ風のバウムイメージが頻出するため，今回のデータはそのような傾向に大きく影響を受けた可能性がある。結果を一般化するには，より対象を広げた調査を行う必要があるであろう。

　第二に，本調査では被調査者に，バウムを描き始めて一筆入れた段階で描画を止めて「描画前にイメージしたバウム」を聞いた後に，その描画前のイメージのみを紙面に描くように教示したが，実際描くうちにイメージに何らかの変容や鮮明化が生じて，紙面に描かれるバウムに影響した可能性がある。「描画前のバウムのイメージを報告する」といっても，イメージというものの性質上，言語的にも描画表現的にもその正確さには限界がある。それゆえ，バウムイメージの変容を調べるには，また違った方法論的な工夫も必要であろう。

その上で，今後も調査等を通じて，描画前や描画中のバウムイメージの基本的・一般的な在り方・生じ方，特にバウム各部位のイメージがどのように生起し描き出されるのか，についてさらに分析と検討を進めることで，「バウムテスト」＝木を描くこと，が何を「課題」としているのか，の理解が深まり，それがバウムテストの解釈仮説を提供することに繋がると考えられる。

　　　＊本研究は，日本描画テスト・描画療法学会第26回大会において，その一部を発表した。

## 注

(1) 「描線を一本描いたところで止める」とは，例えば被調査者が最初に幹を描こうとして二線幹の左側の線を縦に一本引いた時点で止める，というようなことである。このようにしたのは，バウム全体を描き終えてから質問を行うと，描画プロセス全体の中でより鮮明になったバウムイメージが，描画前のイメージ想起に影響し混乱が生じると考えたためである。なお，バウムの描画を一筆目で止めた時，その一筆目の約7割（68.9％）が幹の左側の線であり，2割が包冠線（樹冠の輪郭線）であった。これは，佐渡ら（2012）の報告とも，ほぼ一致している。
(2) ただし，描画前に全くバウムのイメージが思い浮かんでいなかった者のみ，一筆目に続けて「もしそのまゝ木を描いたらどのようになりますか」とそのままバウムを描かせた。そして次の質問③の回答内容は，この後の分析には含めなかった。
(3) 表1-1において，描画前のバウム（全体）のイメージを「なし」と回答していた者が4名（6.6％）いる一方で，表1-2において，幹のイメージに「なし」と回答している者が2名（3.3％）であるのは，「描画前にバウムの全体的なイメージはなかった」としつつ「幹だけは何となくイメージがあった」と回答する被調査者がいたためである。
(4) 描画前のバウムイメージで被調査者が言う「樹冠」は，樹冠の形のイメージ，すなわち包冠線（樹冠の輪郭線）のイメージを示している。
(5) 大きさや位置については，被調査者から自主的に言及された場合のみカウントしているので，全被調査者に大きさや位置イメージの有無をこちらから確認した場合，％が異なってくるであろう。しかし自主的に言及されたということは，その被調査者のバウムイメージにとって重要な要素であると考えられるため，今回の調査の結果の一部として報告することにした。なお，経験者には大学で心理学科に所属している者が含まれているため，授業や研究への協力を通じてバウムテストの解釈仮説を知る機会があり，それが大きさや位置イメージの言及に影響している可能性も考えられる。
(6) 「違和感」とは「描いてみたがどうもしっくりこない」といった，描画表現とイメージとのbasicな不一致感についてであり，基本的に描き直しが要請されるような内容である。「加筆」はより単純に「もっと実を増やしたい」「枝を伸ばしたい」「線を描き加えたい」といった内容である。
(7) 被調査者によっては複数の部位を回答したため，各部位ごとに「違和感（あり・なし）」×「経験者・未経験者群」の度数についてFisherの直接確率検定を行った。表では各部位について経験者・未経験者群の「違和感あり」の度数のみをまとめている。

(8) 違和感や加筆に関して被調査者が「樹冠」という時には，包冠線だけでなく樹冠内部の空間（ただし枝や実を除く）も含んでいる。そのためここでは「樹冠部分」と称している。

## 引用文献

青木健次　1986　バウムテスト　臨床描画研究，**1**，68-86．

Koch, K.　1957　*Der Baumtest: der Baumzeichenversuch als psychodiagnostishes Hilfsmittel 3. Auflage.* Bern: Hans Huber.　岸本寛史・中島ナオミ・宮崎忠男（訳）　2010　バウムテスト［第3版］―心理的見立ての補助手段としてのバウム画研究―　誠信書房

近藤孝司　2016　描画法の描画課程における主観的体験の検討―バウム法，S-HTPP法，風景構成法の描画課程の比較―　上越教育大学研究紀要，**35**，135-146．

倉西　宏　2016　心理療法における「第三のもの」の働き―中年期うつ病女性との夢とバウムを用いた面接過程から―　箱庭療法学研究，**29**，55-66．

中野祐子　2005　事例にみる幹先端処理　山中康裕・皆藤　章・角野善宏（編）　バウムの心理臨床　創元社　pp.208-221．

中島ナオミ　2016　バウムテストを読み解く―発達的側面を中心に―　誠信書房

中津達雄・関　薫　2016　樹木画テストに見られる物語性について　臨床描画研究，**31**，88-103．

小川俊樹　2008　今日の投影法をめぐって　小川俊樹（編）　投影法の現在　現代のエスプリ別冊　至文堂　pp.5-20．

奥田　亮　2005　幹先端処理において体験されうること―幹先端処理が描き手に何を引き起こすか―　山中康裕・皆藤　章・角野善宏（編）　バウムの心理臨床　創元社　pp.182-197．

奥田　亮　2012　バウムの描画時における「描出すること」と「形をとること」　日本描画テスト・描画療法学会第22回大会抄録集，50．

佐渡忠洋　2016　バウムテストの枝と包冠線について―「否定」の教示を用いた調査から―　箱庭療法学研究，**29**，67-75．

佐渡忠洋・鈴木　壯・田中生雅・山本眞由美　2012　バウムテストの描画プロセスに関する研究―バウムはどこから描かれ，幹はどのように構成されるのか―　臨床身体運動学研究，**14**，59-68．

山中康裕　1973　双生児による基礎的研究　林　勝造・一谷　彊（編）　バウムテストの臨床的研究　日本文化科学社　pp.1-26．

［2017年3月1日受稿，2017年8月16日受理］

# 黒－色彩樹木画テストにおける
# 主観的描画体験についての研究

佛教大学大学院教育学研究科　**植田　愛美**

## I　問題

　描画法とは投映法の一つであり，高橋（1974）は，「心理臨床の場において何らかの目的を持って，被検者に鉛筆やクレヨンなどを与え，紙上に何かを表現させるテストである」と述べている。描画法には，様々な技法が存在しているが，その中で臨床場面において，広く用いられている手法として，樹木画テスト（バウムテスト）が挙げられる。樹木画テストは鉛筆を使用し，被検者に木を描いてもらう方法であるが，「課題としての木は最も抵抗なく描けるので，本人が気づいていない資質や，パーソナリティの比較的深層にある部分を反映」（高橋，2010）しやすいことや，また「描画にあたって防衛が働きにくいために，自己像の諸相，特に本人が意識していない側面が表出される可能性が高い」（Bolander，1977／高橋，1999）といわれている。このような樹木画テストが心理臨床の場に浸透していくにしたがって，樹木画テストには枠づけ法（中井，1974）や2枚実施法（一谷他，1985）といった従来の方法とは異なる変法も生み出されており，その流れの一つとして黒－色彩バウムテスト（名島，1996：以下，黒－色彩樹木画テストとする）という技法も存在している。黒－色彩樹木画テストとは，まず，従来の鉛筆によって樹木画を描いてもらい，その後，2枚目に色鉛筆（12色）で新たに樹木画を描いてもらう方法である。この方法はFodor & Kendelによって1966年に考案され，日本では名島らによって1974年に導入された描画の2枚法である。この樹木画に色彩画を導入することで，名島（1996）は色彩と密接な関係を有している感情・情動を把握しやすくなること，外界（他者）からの情緒刺激に対する応答可能性の高低を判断できる可

能性を述べており，また角野（2005）も彩色された木は，無彩色の木よりもずっと多くの情報を与える可能性を述べている。さらに樹木画テストを2枚施行することに対して，中井（1985）は描画の枠づけ法の観点から，少なくとも病者の世界を多少なりとも立体視するものと述べ，中園（1996）は従来の樹木画テストに加えて，根のみを描かせる手法を導入することで，児童を理解するための有益な情報が増えることを論じている。このように黒－彩色樹木画テスト実施から，名島（1996）が述べるように従来の樹木画テストだけでは得られない貴重な情報が手に入る可能性が高いと考えられる。

　このような描画に彩色作業を加えた研究としては風景構成法の他に，HTP法における彩色の効果を検討したPayne（1949）の研究が挙げられる。ロールシャッハ・テストにおいて反応決定因としての色彩反応は，感情や情緒の指標とされているが（生塩，2002），HTP法に色彩を導入したPayne（1949）は，色彩を導入することでパーソナリティの表面下にあるいくつかの反応を浮き彫りにし，情緒的な体制をより理解できることを示唆している。Buck（1948）もHTP法への色彩導入について言及している。その中で施行方法について，色彩HTP画では家屋・樹木・人物の描画を求め，第1系列では鉛筆で，第2系列ではクレヨンを用いた方法を取り入れている。また石田（1996）によって考案された，火のある風景描画法（FLT）では，鉛筆と色鉛筆（18色）を使用し，感情や情動との関連が深い「火」を表現することで，描き手の情緒表現をより直接的に示すことができることが示唆されている。他にも，山中（1992）が交互スクリブル物語統合法（MSSM法），森谷（1986）が九分割統合絵画法を発表し，また中里（1978）は慢性の統合失調症の長期入院例を対象に開発された交互色彩分割法を発表している。さらに横田（1999a）は，彩色樹木画を提案し，臨床的な研究を行っている。彩色樹木画とはサインペンで木を描いた後に，今度はクレヨンで彩色を行うといった手法である。この彩色樹木画に関して，横田（1999a）は彩色を導入することで描画の印象の変化を捉える可能性について述べており，さらに描画特徴による精神症状の判別の可能性についての研究も行われ，陰性症状の判別のためには写実性が重要であることを示唆している（横田，1999b）。加えて角野（2004）も心理療法としての樹木画法を挙げており，彩色することは樹木画そのものにエネルギーを吹き込み，生命感をより感じさ

せる作業であることを述べている。このように彩色をしてもらうことは，心的エネルギー量や感情のレベルといった描き手の状況をより多く知ることができることも指摘している（角野，2005）。

　近年では，描画行為における描き手の体験過程に着目した研究（佐々木，2007；近藤，2012）が発表されるようになり，また描画法を用いた描き手の主観的体験（近藤，2016）に注目した質的研究もみられている。大石・成瀬（2012）は信頼性・妥当性に関する検討に課題を残していると指摘した上で，描画過程や描画行為は，身体性（身体感覚）と運動性（動きの知覚）を通して，描き手に心理的な体験を喚起することを述べている。加えて，野口・和田（2016）は，描画行為には描き手の個別的な心理的体験が作品に投映されやすいことを指摘し，描画による表現行為そのものが，描き手にカタルシスや自己洞察といった治療的意義を与える効果をもっているが，それ以上に描画を媒介にした描き手とそれを見守る側との関係のあり方が大切となり，描き手の主観的な意味に接近するには，描画後の質問や対話が重要であることも述べている。

　このように描き手の内的体験に注目し，質的研究を重ねることは，これまで量的研究（村田他，2001；村田，2002）が多くを占めていた，黒－色彩樹木画テストを活用する上で描き手の全体的なパーソナリティを把握するための重要な視点の一つになると考えられる。馬場（2015）は，「数量的研究において解明できない課題やさらなる疑問は，また質的研究によって検討される」と述べており，量的研究と質的研究はそれぞれ循環しながら，より深い研究が進められていくと述べている。この点から，従来の方法で黒－色彩樹木画を実施し，その後に描画過程に着目したインタビュー調査を行うことによって，黒－色彩樹木画テストによる，2枚の描画を通した上での主観的描画体験と色彩導入の意義について検討していくことを目的とする。そこで本研究では，描き手の主観的描画体験をより詳細に検討する方法として，木下（2007）の修正版グラウンデッド・セオリー・アプローチ（以下M-GTA）を採用し，描き手の主観的体験について「語り」を元にモデル化をすることを目的とする。

## II 方法

### 1．研究協力者

　2016年4月に，大学講義担当教員の許可を得たうえで，講義教室において面接調査の協力者を募り，黒－色彩樹木画の実施ができる者及び調査協力の承諾を得られた者を対象とした。対象者はA大学院修士3名，A大学の大学生11名の計14名（女性6名，男性8名）であった。

### 2．実施方法

　黒－色彩樹木画はA4のケント紙を縦向きにそろえ，鉛筆（4B），12色の色鉛筆，消しゴムを用意し，一本の木を描いてもらった。教示については，調査者（筆者）が研究協力者に口頭で伝え，教示後，黒－色彩樹木画を実施した。また実施中には研究協力者の様子を観察し，木の描画方法，描画中の行動などを，調査者がメモに取って記録を行った。また，色鉛筆の内訳は青，紫，赤，桃，橙，黄，黄緑，緑，水色，薄橙（肌色），黒，茶の12色であった。

　なお，大辻他（2003）や高橋・高橋（2010）の指摘から，教示に関しては名島（1996）が黒－色彩バウムテストで使用している"実のなる木"よりも，"1本の木"が適していると考えた。そのため本研究の教示方法については特定の木を指定せず，自由度が増すという利点から「木を1本描いて下さい」とし，黒－色彩バウムテストを黒－色彩樹木画テストと変更して実施することとした。教示としては，黒色樹木画では「木を1本描いてください」と教示し，色彩樹木画においては「ここにある色鉛筆を使ってやはり木を1本描いてください。さっきと同じでも違った木でも構いません。色はどれを何色使っても構いません」とした。

### 3．データ収集方法

　面接に際しては，筆者が「研究趣旨」「誓約書」を元に説明を行い，研究協力者の同意を得た上で1時間を目安としてインタビューを行った。2016年5月に筆者が研究協力者1名ずつに対して，臨床心理相談室にて半構造化面接を行い，研究協力者の了承を得てICレコーダーで録音した。半構造化面接で用い

**表1　半構造化面接で用いた質問項目の一覧**

Ⅰ　描画を描くまでの体験について聞く項目
　・描く前の気持ちはどうでしたか。考えていたことや感じていたことはありますか。
　・用紙を前にして思ったこと，感じたことは何かありますか。
Ⅱ　黒－色彩樹木画を描いた体験について聞く項目
　・木の各部について，それを描いていた時はどのようなことを思っていましたか。
　・描きやすさ・描きにくさ・描き足りなさはありますか。描きにくい場合はどのように対処しましたか。描き足りない場合はその内容は。
　・木を描く中で，特に印象深い部分はありますか。あればその理由も。
　・描き終わってみて，思うことはありますか。
Ⅲ　色彩樹木画を描いた体験について聞く項目
　・色を選択する際に思ったことはありますか。
　・色を塗る際に思ったことや感じたことはありますか。
　・鉛筆で描いた時と色鉛筆で描いた時とは，どのように違いましたか？（鉛筆と色鉛筆ではどちらの方が描きやすかったですか。その理由も）
Ⅳ　最後の質問
　・二枚描画することは，自分にとってどのような体験でしたか？

た質問項目は表1の通りである。質問項目の作成においては，どのような意図や思いで描かれたのかを把握し，描き手の描画体験過程を整理していくことを目的とした。さらに実施前，実施中，実施後について自由に語って貰い，描画中の感情を想起しやすいように時系列に沿って詳細な質問項目を設定した。加えて，研究協力者の語りを妨げない程度に，随時研究協力者の語りを促す質問を行った。

## 4. 分析手続き

　収集した録音データを文字起こしして，筆録を作成した。インタビューデータから，黒色樹木画と色彩樹木画における2枚の描画を通した体験モデルを探索的に生成することが目的であったため，木下（2007）のM-GTAが適切であると判断し，M-GTAの分析手順に則って分析ワークシートを作成した（分析ワークシートの例は表2参照）。手続きとしては，まず，研究協力者それぞれの分析ワークシートを作成し，仮の理論モデルを作成し，その後，14名の分析ワークシートを統合して，一つの理論モデルに集約した。なお，分析過程においては，質的研究に精通している専門家にスーパーヴィジョンを受けながら，カテゴリーや概念，ヴァリエーションを照らし合わせて必要に応じて修正し，

表2　分析ワークシートの例

| 概念名：色彩樹木画への戸惑いや不安感(色彩樹木画) |
|---|
| 定義：一枚目で樹木を描ききった後に，再び樹木を描き，色まで使用することへの戸惑い |
| バリエーション（具体例）：<br>＊木のイメージがさっき描いた木のイメージしか出てこなかったので，2枚目と言われても…という感じでしたね。それでまた色を…と言われていたので，色を色鉛筆で，色を使ったところで幹を茶色に塗るとか，葉を緑に塗るとか，そのくらいしか出来なかったので，こんなに色があっても…という感じ。だから基本的に一枚目と大して変わらないんじゃないかというところはあったかなぁと思います（Aさん，6頁）<br>＊まずこの木（黒色樹木画）と一緒にしようかどうか，すっごい迷いました（Bさん，7頁）<br>＊どの木にしようっていうのばっかり考えてて（Bさん，8頁）<br>＊なんか色鉛筆やったから，えっと，あー，そっかどうしよーみたいな（Cさん，10頁） |
| 理論的メモ：<br>・2枚めを描くことが負担だけでなく，色を使用することも不安という表れか。<br>・色を使うことは描き手にとってどのような戸惑いを感じる体験なのか。<br>・2枚目の木に対して描き手がどう対処するのか。 |

最終的なモデル集約へと至った。

# III 結果

　分析の結果，概念は54個，大カテゴリーが3個，中カテゴリーが11個，小カテゴリーが9個抽出された。表3が概念とカテゴリーを整理した表，図1がそのモデル図である。以下，表3および図1にそってストーリーラインを説明する（「　」は概念，《　》大カテゴリー，【　】中カテゴリー，＜　＞小カテゴリー，『　』は研究協力者の語り）。

　黒－色彩樹木画を描画してもらい，その体験の語りを通して，描き手（研究協力者）が描画体験をどのようなものとして捉えているのかというプロセスには，次のようなストーリーラインが考えられた。

## 1.【表現することへの気がかり】から《黒－色彩樹木画における中心描画体験》へ

　描画を始める上で，描き手の体験として【表現することへの気がかり】を感じることから始まる。具体的には，「表現することへの戸惑いと不安」「色彩樹木画への戸惑いや不安」という気がかりが描き手に生じていく。例えば，『…

なに描けばいいんだろうっていうみたいなのと…どう描けばいいんだろうっていうのが…』(Aさん)という語りがそれを示している。しかし描き手は，【樹木イメージとその表現への動機づけ】を行うことで，描画時に感じた気がかりを自分なりに乗り越えようとする。その過程において，＜描画する際に浮かぶ木のイメージ＞を考え，イメージを手がかりに「過去に見たり描いたことがある木の想起」したり，「木のイメージにおける複数の視点」を考えていくこととなる。そうした樹木イメージを想起した描き手は，次第に「自分らしい木にしようという動機づけ」へと移行し，自分がイメージした木に近づけようと表現を始める。この点は描き手が『これがないとそれこそ，当たり障りない木になってしまうんじゃないかっていうのがあって，それで中を描き込むことで，独特の自分らしいものになったんだと思います』(Bさん)という語りから窺える。さらに＜木の表現における動機づけ＞によって，より自分が考える樹木イメージを顕在化しようと働きかけていく。加えて「自分らしい木にしようという動機づけ」では，「描画時における安定感の追求」という気持ちが生じる(『幹っていう，ここの2つの線をまずしっかり作らないと，描けないかなぁーっていうのがあったんで』Bさん)。これによって＜木についての安定感の獲得＞のための表現が行われていき，これに伴い，描き手が木をしっかりと具体的に描写しているという感覚がもたらされていく。そうして描き手は【描画する際の試行錯誤】という働きかけを始めようとする。そこではまず「黒色樹木画で生じたやり残し感への対処」という動きが描き手に促される。そうして「表現方法の試行錯誤」が始まり，＜豊かな樹木を形成する動き＞を見せ，また＜色彩の活用＞がされることで，より豊かで自分らしい樹木画を表現していこうとする動きが促進されていく。加えて描き手は，試行錯誤を重ねる過程で【表現道具による影響】を意識する。この表現道具によってもたらされた＜描きやすさによる表現性＞が実感される一方で，＜表現道具への不満＞も示唆されており，表現の難しさが描き手への負担となる場合がある(『やっぱ色が一色だけやから，あまり表現できひんなぁって思いました』Cさん，『描く人によってはいろんな色を使ったりする…と思うんですけど，もうちょっとその，色が欲しかったかな』Cさん)。そのため，＜他の表現道具についての提案＞をし，より自分のイメージに近づけたいという気持ちを抱く描き手も現れる(『表現

表3　概念名およびカテゴリーの一覧表

| 大 | カテゴリー 中 | 小 | 概念名 | 定義 |
|---|---|---|---|---|
| 黒－色彩樹木画テストにおける中心描画体験 | 表現することへの気がかり | | 1 表現することへの戸惑いと不安(黒・色彩樹木画) | 自分が思い描く樹木が描けるのかという描き手自身の不安と戸惑い |
| | | | 2 色彩樹木画への戸惑いや不安感(色彩樹木画) | 一枚目で樹木を描ききった後に，再び樹木を描き，色まで使用することへの戸惑い |
| | 樹木イメージとその表現への動機づけ | 描画する際に浮かぶ木のイメージ | 3 木のイメージが思い浮かぶこと(黒・色彩樹木画) | 描画前や描画時に木のイメージが思い浮かび，それを元に描いていく体験 |
| | | | 4 過去に見たり描いたことがある木の想起(黒色樹木画) | 過去に見た・描いたことのある木を参考にしたり，それを元に描画していくこと |
| | | | 5 木のイメージにおける複数の視点(黒・色彩樹木画) | 木のイメージの異なる側面を見つめること |
| | | 木の表現における動機づけ | 6 自分らしく自由に表現したい気持ちの高まり(黒色樹木画) | 描いていくうちに描画への構えが取れ，表現することへの欲求に繋がる |
| | | | 7 木らしく描写すること(黒色樹木画) | きちんとした木そのものを描こうとすること |
| | | | 8 枝の表現についての工夫(黒・色彩樹木画) | 枝を描写する際に，自分なりのこだわりや工夫をしながら描いていく動き |
| | | | 9 描画後の追加欲求(黒色樹木画) | 描き終わった後に，新たに表れた樹木イメージを付け加えること |
| | | 木についての安定感の獲得 | 10 まず幹を描くことの重要性(黒・色彩樹木画) | 幹を描くことで全体のイメージのしやすさにも繋げようとする動き |
| | | | 11 幹自体の強さ(黒色樹木画) | できるだけ強い木を描きたいという気持ち |
| | | | 12 根に対する重要性(黒色樹木画) | 根に対しての意識とそれが重要であるという気付き |
| | | | 13 バランスの重視(黒色樹木画) | 樹木全体のバランスを整えようとする動き |
| | | | 14 全体の繋がりの重視(黒・色彩樹木画) | 途切れることなく，自然に流れていくことを求めた描写 |
| | | | 15 自分らしい木にしようという動機づけ(黒・色彩樹木画) | 描画していく中で自分らしい木を模索していく動き |
| | | | 16 描画時における安定感の追求(黒・色彩樹木画) | 根元や幹，枝をはっきりさせておくことで，イメージの不安定さに対応しようとした動き |
| | 描画する際の試行錯誤 | 豊かな樹木を形成する動き | 17 木を豊かなものにしたいというイメージ(黒・色彩樹木画) | 樹木画で感じたネガティブなイメージを払拭し，木を豊かにしていくための働きかけ |
| | | | 18 木の各部を豊かにする具体的な表現について(黒・色彩樹木画) | より詳細に木を豊かにしていくための働きかけ |
| | | | 19 樹冠を豊かに描写することについての表現(黒・色彩樹木画) | 樹冠に注目した，木を豊かにしていくための働きかけ |
| | | 色彩の活用 | 20 色の濃さについての工夫(色彩樹木画) | ただ色を塗るというだけでなく，濃淡を意識した彩色についての意識 |
| | | | 21 色の塗り方についての工夫(色彩樹木画) | どのように塗るかどんな色を選ぶかという描き手なりの試行錯誤 |
| | | | 22 黒色樹木画で生じたやり残し感への対処(色彩樹木画) | 黒色樹木画におけるやり残しを色彩樹木画に活かす働き |
| | | | 23 表現方法への試行錯誤(黒・色彩樹木画) | 表現方法を変えたり，試行錯誤したりすること |
| | 表現道具による影響 | 描きやすさによる表現性 | 24 表現道具による描きやすさ(色彩樹木画) | 色鉛筆を用いることで描きやすさや自分で描けているという感覚にも繋がる |
| | | | 25 鉛筆による描きやすさ(黒色樹木画) | 描いていく中で，少しずつ感じる気楽さ |
| | | | 26 色鉛筆で描いていくことによる表現性(色彩樹木画) | 色鉛筆で描いたことによるイメージの広がりや表現のしやすさ |

| 大カテゴリ | 中カテゴリ | 小カテゴリ | 概念名 | 定義 |
|---|---|---|---|---|
| | 表現道具への不満 | | 27 用紙への不満(黒・色彩樹木画) | 樹木画を描く上で,用紙に感じた表現のしにくさ |
| | | | 28 色鉛筆への不満(黒・色彩樹木画) | 色のバリエーションについての指摘 |
| | | | 29 鉛筆への不満(黒色樹木画) | 鉛筆で表現することの難しさへの指摘 |
| | | | 30 他の表現道具についての提案(色彩樹木画) | 他の表現道具を使い,より自分のイメージに近づけたい気持ちの表れ |
| 描画プロセスにおいて色が担う役割 | 表現道具による期待 | | 31 新奇な体験への好奇心(色彩樹木画) | 色鉛筆を用いて描画することへのワクワク感 |
| | | | 32 表現の可能性が広がったことへの期待(色彩樹木画) | 一つの素材では足りなかった表現方法が,色鉛筆という素材が増えることによって,表現の可能性が広がったことへの期待 |
| | 色を選ぶ際に感じること | 多彩色を使用し活用したい気持ち | 33 色彩を活かしたい気持ち(色彩樹木画) | 色を有効活用して表現したいという気持ちの表れ |
| | | | 34 多彩色を使用したい気持ち(色彩樹木画) | 単色でなく,できるだけたくさんの色を用いて表現したいという気持ち |
| | | | 35 自分が使いたい色の選択(色彩樹木画) | 自分の考える樹木に関連した色を選ぶ,使用していくこと |
| | | | 36 使いたかった色の使用を諦めること(色彩樹木画) | 本来使いたかった色の使用を断念しようと決めること |
| | 期待される色彩効果 | | 37 色がなんとかしてくれる感(色彩樹木画) | 色が表現の手助けを促し,描き手が安心感を感じることで,細部にとらわれない自由で伸び伸びとした表現へと繋がる |
| | | | 38 色彩による誤魔化し(色彩樹木画) | 色を使うことで誤魔化しができるという側面 |
| | | | 39 共通理解を促進させる色彩効果(色彩樹木画) | 色を塗ることで自分にも相手にもより理解しやすくなる効果があること |
| | | | 40 色から得られる着想(色彩樹木画) | 色を手掛かりにしてイメージを膨らませていく要素 |
| | 負荷となる色彩効果 | | 41 色を塗ることの負担(色彩樹木画) | 色を塗ることが描き手にとっての大きな負担となる |
| | | | 42 色を塗る際の迷い(色彩樹木画) | どこに色を塗っていくのかという迷い |
| | | | 43 継続描写を強いられたと実感する状況(色彩樹木画) | やめたいという想いを抱きながら,やめるという選択がしにくい継続環境 |
| 描画プロセスによる感情体験 | 描画する中での感情変化 | 描画による感情体験 | 44 自分の中にあるこだわり感の促進(色彩樹木画) | 描くという動作によって,自分らしさを描きたい気持ちが促進される |
| | | | 45 落ち着いて取り組める感覚(色彩樹木画) | 表現道具によって描きやすさを感じること |
| | | | 46 表現方法による,のびのび感(色彩樹木画) | 色があることで自由な表現へと繋がった例 |
| | | | 47 鉛筆で描いていくことでの誤魔化しの利かなさ(黒色樹木画) | 鉛筆によって分かりやすく描けることで,ストレートな表現になる印象 |
| | | | 48 描画することで喚起される気持ちとその変化(黒・色彩樹木画) | 描画時やその後で,描き手の感情に何らかの変化があること |
| | 描画することによる不全感と満足感 | | 49 黒色樹木画で感じた不全感(黒色樹木画) | 描画中や描画後に感じる不安や心残り,これで良かったのかという想いがあること |
| | | | 50 色を使うことで表現ができたという満足感(色彩樹木画) | 色を伴う表現道具を使っていくことによる実体験 |
| | | | 51 色彩樹木画でさらに感じる不全感(色彩樹木画) | 自分の表現に対する不満の現れ |
| | 表現における違和感 | | 52 イメージ通り表現することの難しさ[ぴったり感のなさ](黒・色彩樹木画) | 描いている最中に感じていた,描画をすることの難しさ |
| | | | 53 描き終わった樹木画への違和感(黒色樹木画) | 描く前にイメージしていた樹木と,実際に描き出した樹木との違いについて |
| | | | 54 空白のおいておけなさ(黒・色彩樹木画) | 空白のままではなく,少しでもその隙間を埋めようとする動き |

黒－色彩樹木画テストにおける主観的描画体験についての研究

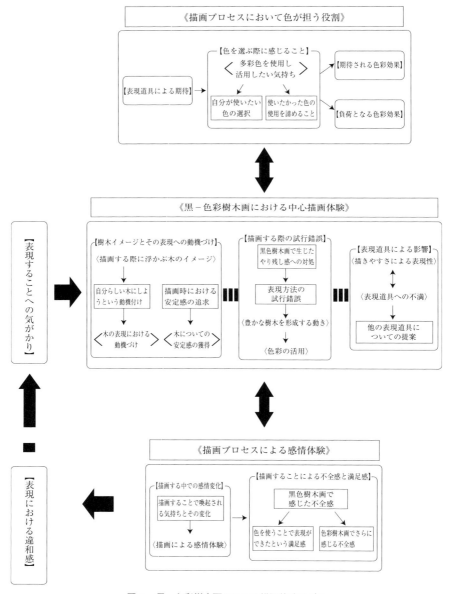

図1　黒－色彩樹木画テストの描画体験モデル

するのは，太くて柔らかいクレヨンがあっても…葉っぱにぴったりやったかなぁって思います』Bさん）。なお【樹木イメージとその表現への動機づけ】【描画する際の試行錯誤】【表現道具による影響】は，それぞれが連続しており，《黒－色彩樹木画における中心描画体験》として描き手に体験されていく。

## 2.《描画プロセスによる感情体験》

　前述の《黒－色彩樹木画における中心描画体験》を巡りながら，描き手に対して《描画プロセスによる感情体験》が促されていく。その体験過程では，【描画する中での感情変化】が見受けられ，「描画することで喚起される気持ちとその変化」が湧き起こる。それにより＜描画による感情体験＞が起こり，「自分の中にあるこだわり感」や「落ち着いて取り組める感覚」といった感情変化が描き手へと促進されることとなる（『もっと良いものを描いてやろうっていう気持ちがありました。せっかく色鉛筆があって表現の幅を広げるものをもらったんだから，もっと納得いくものを描こうと…！』Dさん，『すごいぽかぽかーってなんか，すごい優しい気持ちで描けました』Eさん）。その後，【描画することによる不全感と満足感】へと繋がり，描き手は最初に描いた樹木画に対して「黒色樹木画で感じる不全感」といった気持ちを抱くこととなる。ただし描き手は，その不全感を踏まえた上で，新しい色彩樹木画に臨むことで，「色を使うことで表現ができたという満足感」へと昇華させることができる。一方で，色が登場したことによって，「色彩樹木画でさらに感じる不全感」といった気持ちを抱かせる可能性もあり，益々表現ができないことに直面する描き手もいることが推察される。加えて，【表現における違和感】にも直面することとなり，描き手は「イメージ通り表現することの難しさ」や「描き終わった樹木画への違和感」を感じる状況に陥りやすい。このような違和感が描き手に生じることで，再び【表現することへの気がかり】へと結びつき，描画プロセスは循環していくと考えられる。

## 3.《描画プロセスにおいて色が担う役割》

　さらに《黒－色彩樹木画における中心描画体験》は，《描画プロセスにおいて色が担う役割》とも密接に関わり合っている。この《描画プロセスにおいて

色が担う役割》では，まず描き手に【表現道具による期待】が湧き起こり，そこには「新奇な体験への期待」や「表現の可能性が広がったことへの期待」が含まれている。また描画道具として"色"が登場したことで，描き手には【色を選ぶ際に感じること】が生じ，＜多彩色を使用し活用したい気持ち＞が喚起されていく。その際，描き手によっては「自分が使いたい色の選択」をしたり，あるいは「使いたかった色の使用を諦めること」になる場合もある。この色を使用する過程において，【期待される色彩効果】を描き手が実感することで，「色がなんとかしてくれる感」といった，"表現を手助けしてくれる色彩"の存在を感じることに繋がる（『色鉛筆やとあんまりバランスを考えなくても感覚で描いていってもなんとか形になるなぁーっていうのは，この時に思いました。たぶん鉛筆やったらできなかった』Fさん）。ただし，【負荷となる色彩効果】のように，色の使用が「色を塗ることの負担」や「色を塗る際の迷い」ともなり，描き手への大きな負担となる可能性も窺える。

## Ⅳ 総合考察

　黒－色彩樹木画の描画において描き手は，まず【表現することへの気がかり】を感じ，その上で《黒－色彩樹木画における中心描画体験》，《描画プロセスにおいて色が担う役割》，《描画プロセスによる感情体験》といった，大きく3つのプロセスを体験していくことが考えられた。加えて，これまでに述べた《黒－色彩樹木画における中心描画体験》が《描画プロセスによる感情体験》や，《描画プロセスにおいて色が担う役割》とも関わり，それらが描画での中心体験と交互的に関わることで，感情や体験の変化を促すきっかけとなり，描き手の表現や描画プロセスに影響を与えていくと考えられる。

　これまでのストーリーラインから，多くの描き手は，描画前に不安や戸惑いなどの気がかりといった感情を抱きやすいことが読み取れる。したがって見守り手（調査者）は，描画行為において，描き手がその気がかりに対してどのように対処するのかという点に注目する必要がある。描き手は，まず一枚の白紙を目の当たりにし，見守り手からの教示をきっかけに何らかの樹木を考えていく。この段階では，描き手は木のイメージについてできる範囲で考えていき，

やがて木を描いていくための準備段階に入っていく。そして，描き手に何らかの樹木イメージが現れた段階で，それを紙面上で表現をするため，まずは鉛筆を使って樹木画を描いていく流れとなる。描き手が自分のイメージを表現するためには，描き手自身の相当な努力を必要とする。そのため，最初に表現していく黒色樹木画では，教示を受けてから初めて描画を行う戸惑いと同時に，表現をしていくことの難しさが生じると考えられる。描き手はそのような難しさを乗り越え，自分のイメージをもとに表現を続け，やがて自分らしい表現を意識し始める。特に黒色樹木画では，最初に描くという点から，描き手は"自分らしく"という側面に意識を向けやすいようである。描画時に自分らしい表現を模索することは，描画への構えを和らげる動きとなり，自分のイメージをより表現していきたいという欲求にも影響を与えることが示唆される（概念6参照）。このように描画への構えが和らぐことで，描き手はより木の要素を満たす描写をしたいという気持ちが高まり（概念7参照），枝や根など樹木に必要な各アイテムを追加していこうとする働きかけにもなっていくと考えられる（概念9参照）。したがって，まず鉛筆によって黒色樹木画を描くことは，描き手にとって最初の試行錯誤体験ともなり，黒－色彩樹木画を描く上での一つの通過点になるといえる。この鉛筆を使う過程では，その描画用具で表現するしかないため，描画行為そのものに集中しやすいという利点が挙げられる。鉛筆を使用することが描きやすいと感じる者は，シンプルに描けるからこそ，描画への構えが取れて負担そのものが少なくなり，気楽に描くことができると推測される（概念25参照）。一方で，シンプルに描けるが故に，これまでの描画体験や自分の技術力，描きあげた対象と向き合う体験にも繋がると言える。樹木画と向き合うことは，体験の振り返りや自分が描いた作品に対する何らかの感情を生じさせる。鉛筆で描くことは，描いたものがよりストレートに表れるということであり，そこに誤魔化しは通用しにくい（概念47参照）。そのため描き手自身が浮き彫りとなりやすく，描き手には表現の難しさとして体験されたことが推察される。また特に黒色樹木画を描いたという体験は，一枚目ということもあり，描画後のやり残し感や不全感となる可能性が考えられる（概念49参照）。

　一方で，色彩樹木画においても黒色樹木画と同様に，描く上での負荷は生じ

ていると考えられる（概念41，42，43参照）。ただ前述の《描画プロセスにおいて色が担う役割》でも取り上げたように，色の登場は描き手に負荷を与えながらも，同時に新しい体験への期待や好奇心をもたらしていく作用が考えられる。また色は，描き手に表現の広がりや色の選択という自由を実感させ，色彩を活かした表現の模索にも繋がっていくことが言える（概念31，32，33参照）。このように色は，少なからず描き手に負荷を与える側面を持ちながらも，一方で描き手が抱える不安や戸惑いを緩和させる機能を有している。この気がかりを緩和させるために，最も重要なことは初めに黒色樹木画を描いたということが関係していると考えられる。黒色樹木画の描画によって生じたやり残し感や不満は，色彩樹木画で再び樹木を描くモチベーションとなり，表現をやり直すことへの契機となったことが考えられる。また2枚目で初めて鉛筆以外の彩具を前にした描き手は，それをネガティブに捉えるのではなく，期待や好奇心といったポジティブなものとして捉える者が多く見受けられた。おそらく色鉛筆は私達の日常で，クレヨンや絵の具に次ぐ馴染みのある彩具であったと思われる。その点では意外性は少なく，むしろ馴染みがあるからこそ，使用することへの抵抗も少なかったと思われる。さらに描き手に色彩効果を実感させ，豊かな樹木を形成させる際に色を活用しようというポジティブな動きともなったことが推察される。また色鉛筆を使用するコメントについて，興味深かった点として，「わくわく感」や「のびのび感」について述べるものがいたことが挙げられる（概念31，46参照）。この2つの言葉には，感情の体験と身体感覚を伴う動きが含まれていることが窺える。つまり，描画時に「わくわく感」や「のびのび感」などの感情体験が促されることが，実際に樹木画を描いていく際の手助けにもなる。それは，色を用いるたびに促され，描き手と見守り手の共通理解を促進する働き，色が表現を手助けしてくれる働きを実感させることになったと考えられる（概念37，39参照）。

　黒－色彩樹木画において，黒色樹木画から色彩樹木画への移行は重要なプロセスである。この連続した2枚の描画によって，描き手は描画行為それぞれの体験をより明確にし，描き手自身にも変化を促すことが推察される。この点は，表現の難しさや不全感を体験した者が，色彩樹木画に移行することで，描きやすさや，表現ができたという満足感へと昇華させる様子が見られたこととも重

なる。また黒－色彩樹木画は，描き手に試行錯誤する体験をより多く与える機会にもなると言える。描き手のそうした体験が，次の描画では自分のイメージをより表現しようとするモチベーションにも関わってくる。また表現する際に手応えを感じることが，色彩樹木画での満足感ともなっていき，これらが黒－色彩樹木画で描き手が感じた主観的体験と考えられる。

　なお，黒色樹木画で留まらず，新しく色彩樹木画を描くことは，従来の樹木画だけでは現れにくかった描き手の一側面を浮かび上がらせることが考えられる。例えば，色の使用について注目すると，色の活用しにくさ（概念41，42参照）や，色の表現にこだわりすぎてなかなか描写を終えられない描き手の姿を目の当たりにする場合もある（概念43参照）。そのような姿が現れることは，描き手の新たな一面を発見することになり，色彩樹木画実施における意義の一つになると考えられる。

　本研究では，黒－色彩樹木画テストによる描き手の主観的描画体験について検討を行った。今後は，黒－色彩樹木画テストでは，どのような表現が出現するのかに焦点を絞り，描画変化等を分析することや，調査対象を健常群から臨床群へと広げ，描画体験についてより深く検討することが必要と考えられる。

## 引用文献

馬場史津　2015　描画研究の方法　臨床描画研究，**30**，74-87．

Bolander, K.　1977　*Assessing personality through tree drawings.*　高橋依子（訳）1999　樹木画によるパーソナリティの理解　ナカニシヤ出版

Buck, J. N.　1948　The H-T-P technique: A qualitative and quantitative scoring manual. *Journal of Clinical Psychology*, **4**, 317-396.　加藤　孝正・荻野恒一（訳）1982　HTP診断法　新曜社

藤中隆久　2008　バウムテストを使用した二つの事例研究　心理臨床学研究，**26**(2)，184-192．

一谷　彊・津田浩一・山下真理子・村澤孝子　1985　バウムテストの基礎的研究〔Ⅰ〕―いわゆる「2枚実施法」の検討―　京都教育大学紀要（A．人文・社会），**67**，17-30．

石田　弓　1996　火のある風景描画法に関する基礎的研究―健常者と分裂病者の描画内容と描画形式―　臨床描画研究，**11**，214-237．

角野善宏　2004　描画療法から観たこころの世界―統合失調症の事例を中心に―　日本評論社
角野善宏　2005　病院臨床におけるバウム技法　山中康裕・角野善宏・皆藤　章(編)　バウムの心理臨床　京大心理臨床シリーズ　創元社　pp.338-350.
木下康仁　2007　ライブ講義M-GTA　実践的質的研究法　弘文堂
が自身の描画を振り返ることの心理臨床学的意義―約2年，4枚のS-HTPP法を用いた2つの事例研究―　心理臨床学研究，**30**(3)，309-320.
近藤孝司　2016　描画法の描画過程における主観的体験の検討　上越教育大学研究紀要，**35**，135-146.
森谷寛之　1986　イメージの多様性とその統合―マンダラ画法について―　日本教育心理学会総会発表論文集，**26**，948-949.
村田敏晴・村田陽子・名島潤慈　2001　黒色バウムと色彩バウムの比較―描画の順序効果とバウム内容の検討―　山口大学心理臨床研究，**1**，23-27.
村田陽子　2002　セルフ・エスティームと黒−色彩バウムテストとの関連性　山口大学心理臨床研究，**2**，89-97.
中井久夫　1974　枠づけ法覚え書　芸術療法，**5**，15-19.
中井久夫　1985　中井久夫著作集2巻　精神医学の経験　治療　岩崎学術出版社
中里　均　1978　交互色彩分割法―その手技から精神医療における位置づけまで―　芸術療法，**9**，17-24.
中薗正身　1996　一変法としての樹木画法の研究―根を強調した教示法の導入について―　心理臨床学研究，**14**，197-206.
名島潤慈　1996　黒−色彩バウム二枚法の意義　熊本大学教育学部紀要(人文科学)，**45**，271-281.
野口康彦・和田朱音　2016　「水と私」描画における心理的体験―描画後の対話を中心に―　茨城大学人文学部紀要　人文コミュニケーション学科論集，**20**，121-133.
大石幸二・成瀬雄一　2012　描画における臨床心理学的効果に関する展望―描画行為に内在する身体的拡張感の検討―　人間関係学研究，**18**(2)，51-59.
生塩詞子　2002　色彩反応の情緒指標としての有効性について―健常者の自己認知の側面から―　ロールシャッハ研究，**6**，1-11.
大辻隆夫・塩川真理・田中野枝　2003　投影樹木画法における実の教示を巡るBuck法とKoch法の比較研究　児童学研究，**33**，19-23.
Payne, J. T.　1949　Comments of the analysis of chromatic drawings. *Journal of Clinical Psychology*, **5**, 75-76.
佐々木玲仁　2007　風景構成法に顕れる描き手の内的なテーマ―その機序と読み取りについて―　心理臨床学研究，**25**(4)，431-443.
高橋雅春　1974　描画テスト入門―HTPテスト―　文教書院
高橋雅春・高橋依子　2010　樹木画テスト　北大路書房
山中康裕　1992　風景構成法・枠づけ法・スクリブル・スクイッグル・MSSM法　安香　宏・大塚義孝・村瀬孝雄(編)　臨床心理学大系6　人格の理解②　金子書房

横田正夫・伊藤菜穂子・清水　修　1999a　精神分裂病患者の彩色樹木画の検討（第1報）
　　精神医学，**41**，405-410．
横田正夫・伊藤菜穂子・清水　修　1999b　精神分裂病患者の彩色樹木画の検討（第2報）
　　精神医学，**41**，469-476．

［2016年11月9日受稿，2018年1月8日受理］

# 「不可能なもの」と描画
## ——ラカン派精神分析と禅の接点を巡って

中部大学生命健康科学部　牧瀬　英幹

## はじめに

　Lacan (1966) は,「精神分析における話と言語活動の機能と領野」の中で，次のように述べている。「私は，自分の臨床経験が1つの結論を迎えていたある時期に，人呼んで，ラカンの短時間セッションなるものを実践していた。そのときに，ある男性主体から，帝王切開によってそれを解決するという夢とともに，肛門妊娠の幻想を明らかにされたことがあった。そのセッションの持続時間は，この幻想の開示にちょうどよいものであった。もしそうでなかったら，私は，ドストエフスキーの芸術に関する彼の長広舌をさらに聞き続けていることになっていただろう。【中略】ちなみに，この手続きは，禅という名で呼ばれ，極東のある宗派の伝統的修行の中で，主体の開示の方法として適用されている技法と，究極において同じものだということを指摘しているのは，ひとり我々のみではない。」

　このように，Lacanは自らの臨床実践を基礎づける解釈技法，すなわち，「話が生まれ出ずるようにするためにこそ，語らいを切る」ような「短時間セッション」の技法と禅における主体の開示方法との共通性を指摘している。さらに，Lacan (1975) は，その後期の仕事に位置づけられるセミネール『アンコール』の中でも，主体の享楽と去勢との関係について語りながら，「仏教の中には，さらに良いものがあります。それは禅です。そして，禅というのは，あなたに対して，咆哮でもって答えるようなことで成り立っています」と述べており，自らの臨床実践の理論化において，禅の考え方を積極的に取り入れていたと言える。

　こうしたラカン派精神分析と禅の接点が生まれた背景には，解釈技法の共通

性のみならず，主体のあり方に関する認識の類似性もまた存在していると考えられるが（Ruff, 1988; 新宮, 1997），両者の接点を改めて検討し直すことで，我々の臨床実践に生かしうる知見を得ることができるのではないだろうか。本稿では，こうした構想のもとに，白隠による禅画の方法とラカン派精神分析の考え方の接点を検討し，そこから得られた知見を我々の描画を用いた臨床実践に活用していく方法を明らかにする。尚，本稿で取り上げる事例は，守秘義務を鑑み，考察に影響を及ぼさない限りで変更を加えている。

# I 白隠の「禅画」とラカン派精神分析の接点

## 1. 白隠の禅画と自己言及の不完全性

　白隠（白隠慧鶴 1685-1768）が描いた禅画には様々なものがあるが，『西国巡礼図』（図1）と題された禅画は，我々の描画を用いた臨床実践を考えていく上で興味深い問題を含んでいるように見える。

　画中の2人は，西国三十三番の観音霊場を巡礼する者であり，1人は四つん這いになり，もう1人がその上に乗りながら何かを書いている。よく見てみると，額の文字には「此堂にらく書きんぜい，畏入り」（ここに落書きをしてはいけません）と書かれている。もしこれが寺の関係者によって最初から書かれていた禁止公告であったとするならば，その左側のスペースがあまりにも空き過

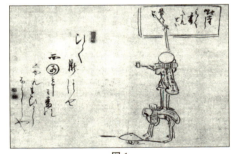

図1

ぎており不自然である。また，もし禁止公告であるならば，管理責任者の名前が最後に書かれていてもおかしくはない。このように考えてみると，額の文字全体を巡礼が書いたということになり，巡礼は「ここに落書きをしてはいけません」と落書きしていることになる。ここには，自己言及のパラドックスが存在しているが，白隠は何のためにこのような絵を描いたのであろうか。

この点を考えるヒントは，賛の言葉「ひゝく瀧つせ」に隠されている。芳澤（2008）によると，その当時の人々にとってこの言葉は，即座に「補陀落や岸打つ波は三熊野の　那智のお山にひびく瀧つせ」の歌を想起させるものであったという。すなわち，那智の大滝は観音菩薩の顕現とされるもの，また，その滝の音は観音菩薩の無限の慈悲の表れを示すものであり，この歌の意味が分かるならば，すぐさまその人は慈眼視衆生という観音菩薩の視座に立っていることになるのである。

　ここで絵に視線を戻してみると，「ここに落書きをしてはいけません」という矛盾した落書きをしている巡礼達は，「言及すれば自己否定になる」世界に陥っており，それを見ている我々鑑賞者は，「ひびく瀧つせ」の意味を了解するならば，まさに観音菩薩の大慈悲の眼でもって，画面の中の巡礼達を見ていることになる。

　自己言及のパラドックスの世界に閉じこもっている2人の巡礼には，絵の外の3次元からの視線は分からない。それと同じように，3次元世界に閉じ込められている我々は，さらに上の次元にある仏や観音菩薩の世界を具体的なイメージとして思い描くことはできない。有相と無相を超えた実相というのもまた同じ世界であり，「あるとも言えない，ないとも言えない，でも確かにあるもの，それに気づきなさい，観音菩薩という不可視の存在があるのだ」ということを，白隠は我々に気づかせるために，この禅画を描いたのである（芳澤，2008）。

## 2.　自己言及の不完全性と「不可能なもの」としての現実界

　このような，描画を介して自己言及の不完全性への気づきを促し，「あるとも言えない，ないとも言えない，でも確かにあるもの」としての実相との関係を浮かび上がらせる実践は，ラカン派精神分析の考え方と深い繋がりを持つものでもある。

　例えば，Lacan（1991）は次のように述べている。「欲望者そのものは，欲望者としては撤廃されないかぎり，自身について何も言うことはできません。このことが欲望者としての主体の純粋な座を定めています。言葉で語ろうとする試みのすべてはこの水準では無駄です。言語活動の欠失でさえ，それを言うことができないのです。なぜなら，主体が言い始めるや否や，主体は嘆願者以

外の何者でもなくなり，要求の領域へと入ってしまう，それは別ものだからです。」

　主体が〈他者〉の領野において1つのシニフィアン（$S_1$）に同一化し，言語的主体として成立することは，同時に，主体が自らを捉えようとしつつ，そこから排除されてしまうことを意味する。シニフィアンは，本質的にそれ自身と異なるものであり，どのような主体も，シニフィアンから自らを排除することなしには，シニフィアンに同一化することはできないからである[1]。故に，自己言及の不完全性の問題を通して，「我々は，言表内容の主体を支える言表行為の主体というものがあるように見えて，実はそのようなものはどこかに失われている」（新宮，1995）ということに気づかされることになる。

　しかし，そうした失われたものは，Freud（1900）が『夢解釈』の中で「最も古い幼児期体験は，そのものとしては，もうありません」と表現しているもの，また，それを我々人間が抱える自己の起源を知ることの「不可能性」として捉え，その「不可能性」を現実として受け止めていくことに精神分析の出発点があるとしたものに他ならない。新宮によれば，人間は自己自身を示す言葉を持っていないという「不可能性」に直面し，自らを言語という〈他者〉にとっての欲望の対象として経験することになったが，この経験こそが人間にとって真に「現実的なもの」としてあることをFreudは明らかにし，そこに精神分析という象徴系列の再生産の営みの基礎を据えたのである（新宮，1995）。

　この意味において，Lacanは，「欲望者そのものは，欲望者としては撤廃されないかぎり，自身について何も言うことはできません。このことが欲望者としての主体の純粋な座を定めています…」と述べていると考えられるが，さらに，Lacan（1964）は，主体が言語的主体として誕生することによって「出会い損ねるもの」＝「不可能なもの」となる現実界，逃れ去るものとしての現実界との出会いの場として精神分析の場があることの意義を指摘するとともに，現実界と神々との関係について，「神々とは現実界に属するものでしょう。神々とは現実的なものの啓示のひとつの様式なのです」（Lacan，1991）と言及している。このことは，白隠が有相，無相を超えた実相において「観音菩薩という不可視の存在がある」と，鑑賞者をして気づかせようとしたこととの繋がりを持つものであろう。すなわち，ラカン派精神分析，禅のいずれにおいても，

「不可能なもの」と描画

問題は自己言及の不完全性の中にあって、我々は如何にして自らの存在を支えるものと関係を持つことが可能であるのかという問いとしてあり、さらには、その問い自体が孕む「不可能性」との関係をもとに主体の再構成を成し遂げる方法の模索にその重点を置いているのである。

## 3. メビウス環と「不可能なもの」

ところで、$S_1$ に同一化し、言語的主体として存立している状態における主体のあり方を表現するとしたら、どのようなものになるのであろうか。先にも述べた通り、主体が〈他者〉の領野において1つのシニフィアン（$S_1$）に同一化し、言語的主体として成立することは、同時に、主体が自らを捉えようとしつつ、そこから排除されてしまうことを意味する。このため、$S_1$ の場所は、主体にとって「不可能なもの」＝空＝穴として捉え得られることになるが、この場所こそ、主体が主体として現れるにあたって、論理的に必要とされるものである。

このようなシニフィアンにおける主体の根本的捕捉と、そうした主体の出現様式に相関している原抑圧（Urverdrängung）との関係（＝「疎外」の演算）を説明するにあたって、Lacan（1966）は、「穴」の構造化機能の上にたったトポロジーが必要であることを指摘している。すなわち、メビウス環、トーラス、クロスキャップといった穴の組織物が、我々に想像的な支えを提供してくれることで、我々はその向こうに、純粋な現実が働いていることを知ることができると考えたのである。

こうしたトポロジーの中でも、Lacan（2001）はメビウス環（図2：口絵6）をその基礎に置き、表と裏が連続した1つの面としてある点に主体の意識と無意識、愛と憎しみの関係を見て取るとともに、神経症的トーラスが解釈という切断によってメビウス環に変換されることを示唆して

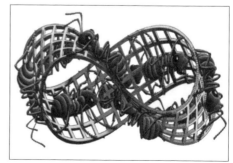

図2

いる。また，Lacanは，主体が要求の次元において対象の回りを巡り，中心の穴に位置する欲望の真の対象を取り逃すことが，メビウス環を含むトポロジーにおける組織物と穴との関係に対応することを指摘してもいる。

　これらの点を踏まえた上で，白隠のもう1つの禅画，『布袋図』（図3：口絵7）を見てみよう。画中の布袋は長い紙を広げており，その紙には「在青州作一領，布衫重七斤」と書かれている。一見すると何の変哲もない禅画であるが，不思議なことに，「布衫重七斤」の部分の字が上下逆さまに，しかも裏返しに書かれている。どうやら，その部分は，白隠が紙の裏側から書いたものが透けて見えているところであり，そのまま表装したこと

図3

で，このような状態になったようである。では，なぜ白隠は「布衫重七斤」の字をわざわざ裏側から書く必要があったのであろうか。

　もう一度絵をよく見てみると，布袋は横長の紙を円形に広げているが，その長い紙は途中でひねられている。「在青州作一領」までは表になっているが，「布衫重七斤」の部分は字が裏返っている。こうしたことから，白隠は，紙を一ひねりしたことが意図的であることを示すために，「布衫重七斤」の字を裏側から書いたと考えられるが，驚くべきことに，この一ひねりされた紙は，「メビウス環」の形を成しているのである。

　芳澤（2008）は，白隠がメビウスに先立つこと約100年前にメビウス環を発見した理由として，メビウス環の特徴がそのまま禅の基本的な認識と同じであったからではないかと推測し，次のように述べている。「私たちの常識では，好き・嫌い，良い・悪い，存在・非存在などという二項対立であるように見える。けれどもそうではなくて，実は全てが同じであって，好き＝嫌い，良い＝悪い，存在＝非存在，煩悩＝菩提だと見るのが，仏教の，禅の見方です。」すなわち，白隠は，この禅画においても，『西国巡礼図』と同様に，有相，無相

を超えた実相というものに気づくよう，鑑賞者をして促すがために，表も裏もない，表がそのまま裏である形であるメビウス環を描いているのである。

このような白隠の姿勢は，まさにLacanが言語的主体と「不可能なもの」との関係をメビウス環という「構造」の中に見て取ろうと試みた姿勢と同じものであると言えるのではないだろうか。Lacan（2001）は，『エトルディ』の中で，次のようにも述べている。「構造，それは言語活動の中で明るみに出てくる現実界のことである。」「構造は，言語的な繋がりの中に隠されている非球体的なもののことであり，主体という効果がそれによって把握されるのである。」

## 4.「不可能なもの」から主体の再構成へ

とは言え，白隠の『布袋図』から学び得ることは，このことだけではない。我々が言語的主体であるが故に抱える苦悩を，「不可能なもの」との関係を介して如何に乗り越えていくことができるのかという問いに対する1つの答えを，この禅画は示しているようにも見えるのである。

ここで改めて，布袋が持つ紙に書かれた言葉に目を向けてみたい。「在青州作一領，布衫重七斤」とは，中国の宋代に編まれた『碧巌録』の中にある「趙州万法帰一」という公案であり，ある修行僧と唐代の名高い禅僧であった趙州との次のようなやり取りを記したものである。すなわち，修行僧が「万法（一切の存在）は一なるものに帰着するというけれども，その一はどこへ行くんですか」と質問すると，趙州が「私は青州で襦袢を一枚作り，重さは七斤である」と答えた，というものである。

芳澤（2008）によると，「万法（一切の存在）は一なるものに帰着するというけれども，その一はどこへ行くのか」と質問していることから，この修行僧が「万法」と「一」とを別のものとして捉えていることが窺われ，これに対して，白隠は「万法」と「一」は別のものであって，しかも別のものでないということ，同じものの違った側面であること，万法即一，一即万法ということを，この禅画を通して言おうとしたのではないかと理解できるという。

ここで興味深いことは，白隠が，言語的主体と「不可能なもの」との関係を，メビウス環を通して表現しようと試みるとともに，「有でもない，無でもない，そこのところが，真の法身そのものであるぞ」と気づかせるために，「万法」

と「一」との関係の再構成を促している点である（芳澤，2016）。さらに，丸められた紙（メビウス環）の穴の中に描かれた3人の童子は衆生の象徴として描かれたもので，布袋と衆生との関係もまた，「万法」と「一」との関係になっているのである（芳澤，2008）。では，白隠はなぜこのような対応関係を『布袋図』で表現しようと試みたのであろうか。

　芳澤（2008）は，白隠の描いた禅画に登場する布袋は白隠の化身でもあると指摘している。この点に依拠するならば，『布袋図』と鑑賞者との関係は，白隠と修行僧（衆生），あるいは，分析家と患者との関係に比することのできるものとして理解できるだろう。そのように考えてみるとき，この禅画に込められた白隠の真の意図とLacanの次のような言及が密接な関わりを持つものとして浮かび上がってくるように思われるのである。

　Lacan（1991）は，分析家が患者の探究の単なる随伴者以上の何かになるためには，「主体の欲望は，本質的に大文字のA，〈他者〉の欲望であり，欲望が位置づけられ，配置され，さらにはそれと同時に理解されることができるのは，根本的な疎外においてであり，そうした疎外は，単に人間と人間の闘いのみならず，言語活動との関係にも結びついている」ということを認識していなければならないと述べている[2]。さらに，Lacan（1991）は，主体（患者）が改めて欲望の主体として存立するためには，分析家は「空」の座を維持し，その座に，他のすべてのシニフィアンを抹消するためにのみあるシニフィアン，Φ（ファルス）を呼び出すことが求められると指摘するとともに，「主体は，欠如しているシニフィアンをこのΦの座に突き止めることができるはずであるかぎり，このΦの座を満たす術を知らなくてはならない」と述べている[3]。

　ここでLacanが述べているΦとは，原抑圧の対象として捉え得るものである（Lacan　1966; Chemama & Vandermersch, 1998）。この点を踏まえるならば，先に確認したように，Lacanが，シニフィアンにおける主体の根本的捕捉と，そうした主体の出現様式に相関している原抑圧との関係（＝「疎外」の演算）を説明するにあたって，穴の構造化機能の上にたったメビウス環を必要としたことと，ここでのLacanの指摘が重なり合っていることが分かる。すなわち，主体が自らを欲望の主体として再構成するためには，分析家は，メビウス環の穴のような「空」の座を維持し，その座を通して〈他者〉との繋がりを

もたらすΦを呼び出すこと，主体が言語との関係を再構成できるように促していくことが求められるのである。

また，Lacan（1991）が，上記の点に関連して，「話す主体の世界は人間世界と呼ばれますが，そこにおいては，あらゆる対象にひとつの共通する特徴を与えることは純然たる隠喩的な試みの事象であり，また，諸対象の多様性にひとつの共通の特徴を固定することは，純粋な布告の事象です。【中略】これこそが，『ただ一つの線刻（ein einziger Zug）』の機能です」と述べていることは興味深い。

Freud（1921）は，「ただ一つの線刻」の例として，「咳込む」ことで父と同一化する娘の例を取り上げながら，それが個人と集団との関係が形作られる上で何ものにも先立つ象徴的同一化を媒介する役割を果たすことを論じているが，Lacan（1964）は，そうした「ただ一つの線刻」において大切なことが，「一」であるという数学的な性質にあるという点に注目している。すなわち，主体が〈他者〉の中に組み入れられる＝言語的主体となるということは，自分自身を「一」として数えることであるという点を踏まえて，Lacanは，Freudの「ただ一つの線刻」の概念を発展させ，集団の「一」と個々の人間の「一」とを繋ぎ，概念としての「一」を主体の存在まで及ぼす通路を「一の線（trait unaire）」として定義づけるとともに，分析における「空」の場を介して，主体が「一の線」との関係を再構成できるよう促すことの意義を指摘しているのである（新宮，1995）。

しかし，ここで忘れてならないのは，こうした「空」の場が，先に確認したような自己言及の不完全性が露呈する場としてあり，人間が自己自身を示す言葉を持っていないという「不可能性」に直面し，自らを言語という〈他者〉にとっての欲望の対象として経験することになった場，また，そうした経験をもとに人間が真に「現実的なもの」を掴み取る場でもあるという点である。「一の線」が成立する場＝「空」の場とは，主体が失われた自らの存在根拠を，「不可能なもの」＝現実界との関係をもとに再構成することを可能にする場のことであり，主体における集団と個別との繋がりを位置づけるためには，常に「不可能なもの」としての現実界の問題を考える必要があるのである。

このように見てみると，白隠がメビウス環を介して主体における「不可能な

もの」との関係を浮かび上がらせるとともに，メビウス環の「穴」=「空」の場で，「万法」と「一」との関係の再構成を促していることは，ラカン派精神分析における，分析家の「空」の座において，集団の「一」と個別の「一」とを繋ぐ「一の線」を呼び出し，主体が〈他者〉の欲望をもとに，自らの欲望を立ち上げる契機を生み出すことと同様の意義を持つものとして理解することができるのではないだろうか[4]。また，そうであるとするならば，『布袋図』は，布袋が白隠の化身であるという点において，鑑賞者をして白隠との転移関係をもとに，主体の再構成を促す媒体として機能しているとも考えられるのである。

この時，『布袋図』は，分析家が「空」の座を維持した状態で生み出される臨床描画と同じ意義を持つものとなり，逆に，分析場面で生み出される臨床描画が分析家－患者関係において『布袋図』と同じ構造を呈するとき，そこに治療の重要な転機が訪れると言える。白隠自身が，その幼少期に，地獄の業火に対する恐怖に怯える日々を過ごし，その恐怖心を克服すべく発心へと至ったことは（湯原，2013），こうした関係性を生む要因のひとつとしてあったのかもしれない。

## 5．1つの「公案」として描画を読むこと

芳澤（2016）によると，『布袋図』は，白隠の考案した「両手を打てば音がする。では片手の声はどうか。それを聞いてこい」という「隻手音声」の公案と，メビウス環を構成する点で等しいものとしてあるという。このことは，禅画それ自体が，公案としての機能を有していることを意味するだろう[5]。白隠が『禅関策進』に沿って修禅の方向へ進み，趙州の無字の公案において打破の機会をつかんだことから，自然と「看話禅」に親しみを覚えていたこと，さらには，禅の歴史において，盤珪（盤珪永琢 1622-1693）が公案を用いて疑を起こすということは人為的・造作的・外来的工作であるとして，「看話禅」に対して批判的な立場を取り，「不生禅」を重んじたことは考慮しておく必要があるが（鈴木，1997），鈴木（2011）が指摘しているように，「公案の妙は智的分別を刺激して，その作用を究竟のところまで進ましめ，しかる後，これを急転直下，千仞の谷底に突き落とすところにあり」とするならば，『布袋図』のような禅画を公案として利用する場合，禅画と鑑賞者が向き合う時間を如何に区

切るかが問題となることが分かる。

　この点を我々の臨床実践に応用していくことができるとするならば，臨床描画を公案として読み，その作業の停滞が生じるまさにその瞬間に「区切る」ことが求められると言えるだろう。このような解釈のあり方は，筆者が提案している「描画連想法」とその意義を同じくするものでもある（牧瀬，2015）。主体の思考の停滞の中に「せき立て」を聞き取り，「区切る」ことは，主体と言語との関係を再構成することを促す。この時，分析家は，主体が欲望する主体となるべく，「空」の座を維持していることが求められるのである。

　では，分析家が「空」の座を維持するということは，どのようにして可能になるものなのであろうか。この点に関して，Lacan（1991）は，分析をブリッジ遊びに準えつつ，次のように述べている。「分析のブリッジ対局の逆説は，自己放棄にあります。これによって，分析家は，普通のブリッジで起こることとは逆に，パートナーの手の内にあるものを主体が見出すのを助けねばなりません。この負けるものが勝つというブリッジ遊びを導くためには，分析家は原理上，そのパートナーとの間で生をさらに複雑化しなければならないようではいけません。この理由から，分析家のi（a）（理想自我）は，1人の死者のように振る舞うべきだと言われているのです。」すなわち，分析家が患者を理解すること，患者が要求することに答える術を知っているとする立場を放棄し，1人の死者として振る舞うこと（＝「空」の座を維持すること）により，患者は自らの手の内にあるものを見出すこと（＝〈他者〉の欲望をもとに，自らの欲望を立ち上げていくこと）が可能となるのである。それはまた，話すことの中には，言語活動に対して外在する中心があるということ，主体の構造を表現する上で，どうしても「環」のあるトポロジーが必要になるということを患者に気づかせることでもある。理解できないものという余白こそ，欲望の余白を生じさせることを，我々は臨床の場において描画を用いる際，常に意識しておく必要があり，白隠の禅画もまた，その重要性を示唆しているのである[6]。

## II 臨床的検討

　ここで，これまで述べてきた点が実際の臨床例とどのように関わり，また，その臨床的意義を有するものとしてあるかについて，若干の検討を試みたい。

　報告する事例は，友人からのいじめを契機として不登校となり，適応障害の診断を受けた女子中学生（以下，Clと記す）のものである。2女の同胞の第1子である。発達的な問題は特に認められず，今回のいじめが起こるまではどちらかというと活発な子であったとのことである。不登校になり始めて半年が経過したことから，心配した母親に伴われて筆者が所属する病院を受診した。

　初回セッションにて，自分の中に6つの人格が存在し，眼鏡をかけるとその人格が入れ替わるという解離の症状が訴えられ，以降，セッションでは，いじめに関する話，人格変化の話，さらには，「人にはそれぞれ色があり，その色が何色かを見れば，その人が分かる」という「人間と色の話」などが語られた。当初，Clはそうした話に特別な反応を見せない筆者に対して違和感を覚えているようであったが，次第に，そのような非対称的な関係にあって，自分自身といじめや人格変化などの問題との関係性について語るように変化していった[7]。

　例えば，Clは，そのような関係性について，次のように語った。「今までは，何とかなるだろうで生きてきた。それが駄目だったのかも。自分について考えたこともなかった。人よりできるんだと思ってしまっていたので。うぬぼれたのが今でてきたのかも。」「知らないことが恐い。暗い所が嫌いだし，見たことがない不思議なものとか。まず恐いから始まる。恐いから，それを色々調べて，こいつの弱点はここだと見つける。」「今回の友達とのこと（いじめのこと）も，色々言われて，それこそ恐いと思ったし，訳が分からないと思った。人を甘く見過ぎた。こういうタイプと決めてしまったのが，間違いだった。マニュアル化して，その子のことを見れなかった。その子よりも，自分の方が上と思っていた。」

　そんなある日，Clが自分自身の問題と関連して家族の問題について語り始めた。しかし，思うように連想が進まない様子が見受けられたことを受け，「家族画」を施行したところ，Clは左から順に丸を4つ描き，それらを大きな丸で囲った絵（図4）を描いた[8]。家族画解釈の法則に従うならば，抽象的に描

「不可能なもの」と描画

かれているという点から、家族に対する何らかの葛藤が窺われる絵である（石川，2003）。

描画後の「この絵を描いてみて，何か思いついたことはありますか」という質問に対して，Clはうまく言葉にできないものを抱えているかのように沈黙した。しかし，しばらくして，Clは小さな丸が左から順に，父，母，自分，妹に対応していることを示し，「家族って父が一番上で，妹が下。うちはそういう

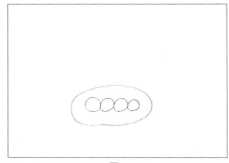

図4

のがない。皆の意見が採用される。食べたいものでも，焼き肉，寿司とか。平等というか，お互いを譲り合って，歩み寄ろうとなる」と語った。そこで，筆者が，「一番右の丸は他の丸に比べると少し小さいかな」と問いかけると，Clは，驚きとともに，「本当だ。4つは繋がっているわけじゃない。繋がっていても，ぴょんとやったら切れそう。4人いたら，もう少しパワーが強い。大きな丸は，まとまり。1つのグループ。もっと強い感を出したかった」と語った。ここで，その回のセッションを切り上げた。

この家族画を用いた描画セッションが，その後の治療の転回点となった。次の回において，一番右の丸が「ぴょんとやったら切れそう」なことを巡って，妹が誕生した際の思い出や，妹が誕生したことで家族の中での自分の立場が大きく変わったことなどが，妹に対する攻撃性とともに語られた。その後，Clの中で，妹の存在がいじめの中心人物であった友達の存在と重なり合っていたことが明らかになった。また，妹の誕生以降，常に妹を基準にして物事を決定するようになったことや，これまで母の思い通りの自分を生きてきたことなどが語られた。面接開始から2年後，高校受験に際して母がかつて歩んだ道を目指しながらも，最後には異なる道を進むことを自分で選択し，高校に進学。不登校の問題も自ずと解消されるに至ったのである。

ここで紹介した描画セッションの意義を，これまでの考察内容との比較にお

いて浮かびあがらせることができるのではないだろうか。筆者が1人の死者として分析の場にあることは，Clが要求の次元で語り続ける営みに裂け目をもたらすことになった。それは，人格変化や「人間を色で見分けること」を介して想像的に他者との関係を維持しようとする傾向の行き詰まりを導くものでもあったが，そのような流れは，家族画を用いたセッションにおいて転機を迎え，以降，語りの構造が変化したのである。すなわち，「ぴょんとやったら切れそう」な一番右の丸は，妹の存在を示すとともに，「疎外」のもとに失われたCl自らの存在を示すものでもあり，Clの語りは，Clと言語とのある種の外傷的な出会いの反復を巡って構造化されるように変化したのである。今回の不登校のきっかけとなったいじめという外傷的な体験もまた，そうした反復の中にあったことが，事後的に明らかとなった。

さらに，かつてそれであったようなものとしての自分を，Clが筆者の「空」の座を介して垣間見ること，それは，〈他者〉の目を介して自分自身を見ること（この時，主体は対象aとしての自分を見ていることになる），あるいは，〈他者〉の欲望をもとに自らの欲望を立ち上げる契機を拓くものであった。この時，「ぴょんとやったら切れそう」な一番右の丸と大きな丸との関係は，個別の「一」と集団の「一」としてあり，この家族画は，両者の「一」を繋ぐ「一の線」を浮かび上がらせる媒体として機能したと言える。Clが高校受験に際して，「母の進んだ道ではない道を進む」という形で自らの進路を選んだことは，このことの表れのひとつであったのである。

Clが家族画を描いた際に「4つは繋がっているわけではない」と語っていたように，個々の主体は言語的な主体であるが故に，それぞれ欠如を宿した主体である。だからこそ，人間は「不可能なもの」としての欠如を重ね合わせることで，現実の核心を構成しようと試みるのであろう。Clが筆者との描画セッションを介して，改めて現実との関係の再構成を成し得たこと，そこにこそ，白隠の禅画とラカン派精神分析との接点が見出せるように思われるのである。

## III おわりに

以上，白隠による禅画の方法とラカン派精神分析の考え方の接点を検討し，

## 「不可能なもの」と描画

我々の描画を用いた臨床実践に活用し得る方法について考察した。

その結果，禅，そしてラカン派精神分析の両者において，問題は自己言及の不完全性の中にあって，我々は如何にして自らの存在を支えるものと関係を持つことができるのかという問いとしてあり，また，その問い自体が孕む「不可能性」との関係をもとにした主体の再構成を成し遂げる方法の模索に，その重点を置いていると考えられた。さらに，『布袋図』において白隠がメビウス環を用い，主体と「不可能なもの」との関係を浮かび上がらせようとした姿勢が，まさにラカンが言語的主体と「不可能なもの」との関係をメビウス環という構造の中に見て取ろうとした姿勢と同じものとしてあり，また，両者ともにメビウス環の穴＝「空」の場を介して，集団の「一」と個々の人間の「一」を繋ぐような「一の線」と主体との関係の再構成を促すことに意義を見て取っていることが明らかとなった。そして，臨床例の検討を通して，これらの接点が，我々の描画を用いた臨床実践に転機をもたらすものとしてあることが示唆されたのである。

このような結果は，我々の描画を用いた臨床実践における「解釈」のあり方を改めて問い直すものでもあろう。そこでは，要求の次元でのやり取りは控え，主体に欲望の次元を拓く場＝「空」の場を創設していく姿勢が求められるのである。また，その際，描かれたものを意味として見るのではなく，描かれたものの構造に注目し，そうした構造と描く際に語られた言葉がどのように関係しているかを聞き取ることで，意味を超えた次元で主体が何を欲望しているのかを読むことが可能となるのである。

今回の検討で見えてきた，ラカン派精神分析と禅の接点は，まだごく一部のものであると言えるだろう。というのも，今回得られた接点を踏まえつつ，両者の文献を改めて読み返してみると，またそこに異なる次元の問題が垣間見えてくるように思われるからである。この意味において，両者の接点はそれ自体，我々の認識している世界に「切断」を引き起こす力を有しているものと言えるのではないだろうか。また，白隠の禅画には，今回紹介したもの以外にも，文字絵や駄洒落絵など，我々の無意識との関係を再構成していく上で参考となるものが数多くある。これらの禅画に関する検討は，今後の課題としたい。

## 注

(1) Saussure（1915）は，言語記号が「聴覚映像」であるシニフィアンと「概念」であるシニフィエの2つから成り立つことを示唆した。Lacanは，精神分析の知見を踏まえ，シニフィアンがシニフィエから独立した動きを構成し得るものであると考え，シニフィアンの自律性を主張した。すなわち，無意識はシニフィアンによって構成され，常に意識を超えた次元で自律的に動き，主体に影響を及ぼすことを看破したのである。この意味において，「エディプスコンプレクスとはシニフィアンの導入」（Lacan, 1981）のことであり，シニフィアンの導入をもって，〈他者〉の欲望が主体に届くことになるのである。

(2) Lacan（1966）は，人間の欲望が，内部から自然と湧き上がってくるようなものではなく，常に他者からやってきて，いわば外側から人間を捉えるものであることを踏まえ，「人の欲望とは〈他者〉の欲望である」と述べている。

(3) Φ（ファルス）とは，「大文字の他者の欲望のシニフィアン」（Lacan, 1966），すなわち，超越的な欲望の存在を指し示すシニフィアンのことである。

(4) この点に関して，山口（1996）は，白隠の禅画に顕現されるような無の芸術，「大静の芸術は，単なる個としての一の芸術ではなく，個すなわち一において無限の一切をみる一即一切の芸術である」と述べている。

(5) 古田（2015）は，白隠の書画そのものが禅としてある点に関して，次のように述べている。「白隠の書画にみるその芸術は，禅の趣味なり，教養なりによって表現された芸術ではなくて，禅そのものの芸術というべきものがあり，書画を構成する一点一画，あるいは画にみる描かれた線そのものが禅であり，墨そのものが禅であると言わねばならない。」

(6) この点に関して，Brasch（1962）は，次のように述べている。「『無の字』とは無門関第一則にある趙州の無字の公案のことで，それは『狗子に仏性があるかどうか』と問われて『無』と答えた因縁に基く公案である。この無は有に対立する無でなく，『纔かに有無に渉れば喪身失命す』（無門関）という底の無である。禅におけるこの『無』の本質もしくは性格の問題を明らかにしておかなければ，白隠の禅画の意義も正しく把握しえないであろう。」

(7) 鈴木（2012）は，解離の治療においては，治療者が別人格に強い関心を示すほど複雑な経過になることから，別人格をほとんど相手にしないような姿勢が求められると指摘している。こうした姿勢は，我々の議論における，分析家が「空」の座を維持することと同様の意義を持つものである。

(8) 分析の場において，自由連想を促す1つの手段として描画を用いることは，子どもの場合のみならず，大人の場合でも有効であると考える（牧瀬, 2015）。

## 引用文献

Brasch, K. 1962 禅画 二玄社

Chemama, R., & Vendermersch, B. 1998 *Dictionnaire de la psychanalyse*. Paris: Larousse. 小出浩之・加藤　敏・新宮一成・鈴木國文・小川豊昭（代表訳） 2002 新版精神分析事典 弘文堂

Freud, S. 1900 *Die Traumdeutung. G.W.II/III*. 新宮一成（訳） 2007 フロイト全集4 岩波書店

Freud, S. 1921 *Massenpsychologie und Ich-Analyse. G.W. XIII.* 藤野 寛(訳) 2006 フロイト全集17 岩波書店

古田紹欽 2015 白隠―禅とその芸術― 吉川弘文館

石川 元 2003 家族と描く 新宮一成・角谷慶子(編) 精神病理とわたしたちの人生―共生の論理をもとめて②― ミネルヴァ書房

Lacan, J. 1964 *Le séminaire, livreXI, Les quatre concepts fondamentaux de la psychanalyse.* Paris: Seuil. 小出浩之・新宮一成・鈴木國文・小川豊昭(訳) 2000 精神分析の四基本概念 岩波書店

Lacan, J. 1966 Fonction et champ de la parole et du langage en psychanalyse: Rapport du congrès de Rome tenu à l'istituto di psicologia della universitá di Roma, les 26 et 27 septembre 1953, *Écrits*. Paris: Seuil. 新宮一成(訳) 2015 精神分析における話と言語活動の機能と領野―ローマ大学心理学研究所において行われたローマ会議での報告― 岩波書店

Lacan, J. 1975 *Le séminaire, livreXX, Encore.* Paris: Seuil.

Lacan, J. 1981 *Le séminaire, livreIII, Les psychoses.* Paris: Seuil. 小出浩之・鈴木國文・川津芳照・笠原 嘉(訳) 1987 精神病 岩波書店

Lacan, J. 1991 *Le séminaire, livreVIII, Le transfert. Paris: Seuil.* 小出浩之・鈴木國文・菅原誠一(訳) 2015 転移 岩波書店

Lacan, J. 2001 *L'etourdit, Autres écrits.* Paris: Seuil.

牧瀬英幹 2015 精神分析と描画―「誕生」と「死」をめぐる無意識の構造をとらえる― 誠信書房

Ruff, J. 1988 ラカンの「短時間セッション」と禅 季刊精神療法, **14**(3), 273-279.

Saussure, F. 1915 *Cours de linguistique générale.* 小林英夫(訳) 1940 一般言語学講義 岩波書店

新宮一成 1995 ラカンの精神分析 講談社

新宮一成 1997 無意識の組曲―精神分析的夢幻論― 岩波書店

鈴木大拙 1997 日本禅における三つの思想類型―道元禅, 白隠禅, 盤珪禅― 末木文美士(編) 禅と思想(禅と日本文化第8巻) ぺりかん社

鈴木大拙 2011 禅の第一義 平凡社

鈴木國文 2012 解離の典型例と歴史的症例―外傷と暗示をめぐって― 精神科治療学, **27**(7), 935-939.

山口諭助 1996 無の芸術―禅の立場から― 古田紹欽(編) 禅と芸術Ⅰ ぺりかん社

芳澤勝弘 2008 白隠禅師の不思議な世界 ウェッジ

芳澤勝弘 2012 白隠禅画をよむ ウェッジ

芳澤勝弘 2016 白隠―禅画の世界― 角川学芸出版

湯原公浩 2013 白隠―衆生本来仏なり―(別冊太陽) 平凡社

［2016年12月5日受稿, 2018年1月29日受理］

追悼

## 故 奥村 晋先生を偲ぶ

聖学院大学　藤掛　明

　ウイットに富み，常にスケールの大きいビジョンを抱え，かつそれらを次々と実現されていく人。それが奥村晋先生であった。法務省の心理技官を代表する大人物であり，定年退官後も，大学や民間施設，学会などで多彩に活動されていた。本学会との関連で言えば，学会の生みの親のお一人であり，名誉会員で草創期の常任理事でもあった。あまりに多彩な活躍ゆえ人それぞれにいろいろな姿が去来すると思うが，私の中での奥村先生像は，天才的な講演者である。法務省時代からそうであったが，各地で行う講演は，専門家向けにしろ一般市民向けにしろ，軽妙な語り口でいつのまにか聞く人を新しい視点に導くような魅力に満ちていた。その奥村晋先生が，2017年4月27日，ご逝去なさった。ここに謹んで哀悼の意を表し，ご冥福をお祈りしたい。

　奥村晋先生は，1927年生まれ。1950年に法務省（心理上級職）入省。松山，高松，札幌，浦和，横浜，大阪の各少年鑑別所所長を歴任された。1987年に高松矯正管区長を最後に定年退官。法務省時代から活躍は多岐にわたり，行政的分野で新しい政策を実現させたり，研究所や研究会，学会を作ったり，膨大な実績を残されている。論文も多いが，普段は編集者的役割に回り，後輩臨床家たちの共著のお膳立てをされることが多く，それも先生らしいお姿であった。『家族画ガイドブック』（矯正協会）などはその好例であろう。法務省退官後は，一般向けの書籍を著し，『子育てから子離れまで』（春秋社），『非行は世の鏡』（JCS出版），『よい子はよい大人になるか』（小学館）などがある。

　いささか個人的な思い出になるが，私は大学を卒業し，横浜少年鑑別所で働き始めて数年がたったころ，出張で大阪少年鑑別所にうかがうことがあった。その夜，当時大阪少年鑑別所長であった奥村先生の官舎で職員有志の宴席があって，私も参加させていただいた。酒を飲めない私にコーヒー牛乳を用意して

くださり，当時私が行っていた描画研究のアイデアについて，熱心に耳を傾け，アドバイスまでいただいた。宴席は盛り上がり，いろいろとデリケートな話も出てきたが，先生は人の悪口を決して言わなかった。また，常に発想がユニークで，時折逆説的な論を放ち，その場にいる人々のフレームを心楽しく揺さぶるのであった。このときの強烈な印象はその後も一貫してそうであり，奥村先生ならではの世界であると思っている。

故　奥村　晋先生

今にして思うと，ちょうどこの頃，先生は家族画の研究・啓発活動に着手していた時期である。大阪少年鑑別所に，家族画の実践紹介のためにNHKのテレビカメラを入れたり，大学研究者や病院医師らを巻き込み，家族画研究会を設立するなどしていた。この家族画研究会は，年々拡充し，その後日本描画テスト・描画療法学会になっていくのであるが，先生はこの運動を最前列で牽引されていたのである。

その後も奥村先生の描画臨床での精力的な活動は続いた。1991年のことであったが，すでに退官し，研究所に籍を置いておられた奥村先生から私は研究の依頼をいただいた。内容は，タイ王国の非行少年の描いた家族画を分析するというもので，統計を使った学術論文にせよとのことだった。期限も厳しく，データ収集も心配な部分があり，本来なら躊躇するべきだったが，奥村先生のオーラに包み込まれるように，喜んでお引き受けした。こうした研究は，奥村先生の常であるのだが，それで終わるのではなく，更なる夢と企画につながっていく。このときもタイ王国に職業訓練学校を日本政府主導で建設する大きなプロジェクトがあり，この家族画研究も，その学校のプロジェクトを後押しする役割を担っていた。日常業務もそれなりに忙しかったので，この家族画の論文執筆は，それから3か月くらい，深夜に眠い目をこすりながら行うことになった。そして論文が紀要に掲載されたときはうれしかったが，タイ王国のその学校が実際に開校された報に触れたときはそれ以上の喜びを感じた。

そもそも構想雄大で積極思考の人物はけっこういる。しかし奥村先生の場合は少し違う。現実をリアルに見据えて，ネガティヴなことを把握しながらもあえてポジティブな決断をしていく。それも特定の人物への嫌悪や勝ち負けに拘

泥せず，とびきりの理想主義から問題を考えていく。

　数年前になるが，朝，突然私の自宅に奥村先生から電話がかかってきた。自宅に電話をいただいたのは初めてのことである。電話口の先生は力のある話しぶりであったが「もう引退すべき歳になったので研究データを処分している。ついては例のタイ王国の家族画作品が段ボール3箱分あるので，そちらに送らせて欲しい。必要なければ処分してくれてもいいし，研究に使うなら自由に使ってもらってかまわない」。私は80歳代後半になった奥村先生の提案にこのときもあっさりと同意した。先生の大切にしていた描画研究資料の一部をお裾分けいただくかのような提案は，先生の夢とアイデアを継承するようで，うれしかった。

　最後に重ねて奥村先生のご冥福をお祈りするとともに，奥村先生が残された学問と実践とその精神をあらためて胸に刻み，日本描画テスト・描画療法学会を発展させていくことをお誓いしたい。

追悼
# 故 加藤孝正先生を偲ぶ

中京大学　馬場史津

　本学会常任理事である加藤孝正先生が，2017年6月4日に81歳でご逝去されました。数年前より闘病生活を続けておられましたが，入院される3月上旬まで研究会に参加されていましたので，ご逝去の連絡に驚いたことを思い出します。謹んで哀悼の意を表するとともに，ご冥福をお祈りいたします。

　加藤先生は1936年愛知県刈谷市にお生まれになり，1959年に南山大学文学部教育学科をご卒業になりました。1960年に三重県立高茶屋病院（医療部）に赴任され，作業療法部のスタッフと連携して「精神医学的作業療法」（1966年）の翻訳を手掛けられました。また，いち早くHTPを臨床に導入されました。1972年からは愛知県職員として愛知県コロニー発達障害研究所など，多くの部署でご活躍になりました。

　加藤先生は日本描画テスト・描画療法学会の記念誌にむけて，本学会の前身である家族画研究会発足時の様子，その後の歴史を執筆するために資料を集めておられました。加藤先生のご自宅には，いつ誰にどのような手紙を出して，返信があったのかなどたくさんの資料が残されていました。2015年1月の臨床描画研究編集部へのFAXには体調不良のため締切までに原稿が完成せず，延期してほしいと書かれていました。残念ながら，加藤先生よる「学会の歩み」は完成することはありませんでした。

　加藤先生が残しておられた1992年の本学会ニューズレターには第1回総会についての報告が掲載されています。そこには「これまで9回の家族画研究会を経たあと，第10回を期して新たに日本描画テスト・描画療法学会として出発することになった」とありました。加藤先生自身，「どこで，どんな風に研究会を立ち上げようとしたか，はっきり覚えていません」と手紙に書かれていますが，家族画研究会の事務局を担当され，第5回（1986年）の家族画研究会は大会長として愛知県中小企業センターで開催されています。1990年に同朋大学社会福祉学部教授に就任され，家族画研究会から日本描画テスト・描画療法学会

へと移行してからも1993年までは学会事務局として、また編集委員や常任理事、認定描画療法士資格の準備委員、資格認定・研修委員として長きにわたり学会の活動を支えてこられました。また、2007年には同朋大学を会場に日本描画テスト・描画療法学会第17回大会「心の働きと描画」の大会長を務めておられます。

故　加藤孝正先生

　大学で教鞭をとりながら、1997年には知的障がいのある人の施設「社会福祉法人：親愛の里」を長野県下伊那郡に開所され、理事長に就任されました。三重県立高茶屋病院は全国に先駆けて児童部、のちの三重県立小児心療センターあすなろ学園（2017年から三重県立子ども心身発達医療センターに統合）を開設しました。あすなろ学園を卒園する子どもたちが地元に帰っても居場所がないという状況のなかで、加藤先生はそれならば自分がと「親愛の里」を開所されたそうです。現在、「親愛の里」は障害者支援施設だけでなく、愛知県内のデイサービスや保育など広範囲な支援の拠点となっています。「親愛の里」のホームページに残る2014年のご挨拶では、施設での生活や訓練を通して、一人ひとりが人として尊重されること、人間らしい生き方を大切にした支援を目指すと述べておられます。先生の目指される人間像がここに集約されているように思います。

　また、加藤先生は保育所の園歌やオリジナルの曲をいくつも作詞されたようです。「お絵かきしよう」の歌詞からは先生の暖かい子どもたちへのまなざしが伝わり、事例検討会でも「どんな絵でもいい、模写でも塗り絵でもなんでもいい。無理にさせたらいかんよ。その子が好きにやるのがいい」と御指導いただいたこと、子どもたちが自分から表現することを大切にしておられたことが思い出されます。

　加藤先生が代表を務められたアートセラピー研究会は中部地方の特別支援や相談室の相談員、保健室の養護教諭などがメンバーの研究会です。1999年に設立され2ヵ月に1度開かれる事例検討会では活発に意見が交わされました。加藤先生は発表者やメンバーの意見をじっと聞いておられ、穏やかでユーモアを交えながら最後にコメントをしてくださいました。子どもたちの自主性を尊重するのと同じように、援助者である私たちメンバーを抱え見守っていただいた

ように思います。

　加藤先生の多くの業績のなかでも描画に関しては「子どもの家族画診断」（1975年），「心身障害児の絵画療法」（1980年），「HTP診断法」（1982年），「円枠家族描画法入門」（1991年），「学校画・家族画ハンドブック」（2000年），「描画による診断と治療」（2005年）などの訳書，監訳書のほか，2016年の臨床描画研究31巻でも共著者として論文を発表されています。同朋大学を退職されたあとも，中部大学，同朋大学大学院では非常勤講師として教育や研究に，また研究会・研修会などを通じて最後まで現役で後進の指導にあたられ，アートの良さを広めたいという思いを強く持ち続けておられました。

　日本描画テスト・描画療法学会の第27回大会「イメージと想像性」（2017年）は中京大学で開催いたしました。大会テーマについてご相談すると「あなたは，それがやりたいのか。いいかもしれん」と励まし，体調が思わしくないなかで「何もできなくて恐縮です」というFAXを何度もいただきました。いつもいろいろな資料の入った重い鞄をお持ちでしたので，「お持ちします」と申し上げると「これは重いから」とやんわりと断られ，最後まで紳士的な先生でした。

　深い悲しみが癒えることはありませんが，加藤先生のご遺志を胸に刻み，アートの良さを広めながら，私たちが描画を用いて子どもたちやクライエントにどのように援助できるのか，考え続けていきたいと思います。

# 入 会 申 込 書

　　　　　　　　　　　　　　　　　　　年　　月　　日

日本描画テスト・描画療法学会殿

学会の趣意に賛同し，入会の申し込みを致します。

　　　　　　　　フリガナ
　　　　　氏　名 _____ 印
　　　　　　　　生年月日　　19　　年　　月　　日

自宅住所　〒_____
　　　　　TEL：_____　FAX：_____

勤 務 先　_____（職種：_____）

勤務先住所　〒_____
　　　　　TEL：_____　FAX：_____

専門領域　_____

最終学歴　_____（　　年度卒）

連絡先：　自　宅　　勤務先　　（どちらかに○印）

連絡先メールアドレス（あればご記入ください）
　　　　　E-mail _____

# 日本描画テスト・描画療法学会会則

### 第1章　名称と事務局
第1条　本会は日本描画テスト・描画療法学会と称し，国際的にはJapanese Association of Clinical Drawings（JACD）とする。

第2条　本会の事務局は当分の間，大阪樟蔭女子大学内に置く。

### 第2章　目的と事業
第3条　本会は描画による診断と治療の研究を促進し，その応用の発展に寄与することを目的とする。

第4条　本会は前条の目的を達成するために次の事業を行なう。
1. 会員の研究促進を目的とする年次の会合（日本描画テスト・描画療法学会大会と呼ぶ）の開催
2. 会員が本会の運営に関して審議する年次の会合（日本描画テスト・描画療法学会総会と呼ぶ）の開催
3. 会員の研究業績その他を掲載する機関誌及び学術図書の編集
4. 研究会，講演会，ワークショップ等の開催
5. 会員名簿，会報等の発行
6. その他本会の目的を達成するために必要な事業

### 第3章　会　　員
第5条　本会の会員は正会員，名誉会員及び賛助会員とする。正会員は理事会の承認を受け，所定の会費を前納した者とする。
名誉会員は本会の運営に特に功労のあった正会員とする。理事が推薦し理事会の承認を得た者とする。
賛助会員は本会の目的に賛同し，相当の寄付をした者とする。

第6条　正会員及び名誉会員は本会が主催する事業に参加することができ，また本会の機関誌が無料で配布される。

第7条　正会員は，会費を2年以上にわたって滞納し，事務局よりの督促に応じなかった時は自然退会とみなされる。

第8条　正会員が諸事情により休会を希望する場合は所定の届け出により，常任理事会の承認を経て，3年を限度に休会することができる。また復会を希望する場合も所定の届け出により，常任理事会の承認を経て休会期間内に限り復会することができる。

### 第4章　組織と運営
第9条　本会に次の役員を置く。役員の任期は3年とし，3年目の総会終了時に交代するものとするが，重任を妨げない。
会長　　1名　　常任理事　若干名
理事　　若干名
監事　　2名　　顧問　　若干名

第10条　理事は正会員の互選により決定し，会員相互の提携・協力・情報交換を図り，各地区の活動を促進するとともに，本会の重要事項の審議運営を行なう。
常任理事は理事の互選により決定し，理事会の委託を受けて，本会の業務の運営にあたる。会長は理事会の推薦により，総会の議を経て決定する。会長は本会を代表し，総会，理事会及び常任理事会を招集する。

### 第5章　大会と総会
第11条　毎年1回大会を開催し，臨床経験，基礎研究の成果を発表し，互いにその知見を交換する。発表は正会員に限る。

第12条　毎年1回総会を開催し，役員の決定，年会費の決定，事務会計の報告等を行なう。

### 第6章　会　　計
第13条　本会の経費は入会金，年会費，臨時会費，寄付金，講演会・ワークショップ等の収益金その他による。

第14条
1. 当分の間，正会員の入会金は1万円，年会費は6千円とする。
2. 第1項の規定にかかわらず，名誉会員からは会費を徴収しない。
3. 既納の入会金及び会費はいかなる事由があっても返還しない。

第15条　会計年度は毎年4月1日から翌年の3月31日までとする。

付　　則
1. 本会則は1991年9月1日から施行する。
2. 本会則の変更は総会の決定による。
3. 本会則は2007年9月2日から施行する。
4. 本会則は2014年4月1日から施行する。
5. 本会則は2016年9月18日から施行する。

## 日本描画テスト・描画療法学会役員名簿

**会長**
高橋　依子

**常任理事**
石川　元　　生地　新　　加藤　孝正　　木谷　秀勝　　新宮　一成
園部　博範　　高橋　依子　　寺嶋　繁典　　松下　博

**理事**
阿部美和子　　市来百合子　　大辻　隆夫　　岡田　弘司　　奥田　亮
奥山　玲子　　香川　香　　片山はるみ　　鈴江　毅　　塩飽　仁
下村　美刈　　寺沢英理子　　橋本　秀美　　馬場　史津　　尾藤ヨシ子
藤掛　明　　牧瀬　英幹　　村瀬嘉代子　　山﨑　一馬　　山岡　美和
横田　正夫

**監事**
松瀬　喜治　　若林　暁子

**編集委員**
生地　新（委員長）　　園部　博範　　高橋　依子　　寺沢英理子　　馬場　史津
村瀬嘉代子

**資格研修委員**
寺嶋　繁典（委員長）　　石川　元　　香川　香　　加藤　孝正　　木谷　秀勝
園部　博範　　松下　博

**倫理委員**
新宮　一成（委員長）　　市来百合子　　生地　新　　高橋　依子　　寺嶋　繁典
牧瀬　英幹

**地方研修委員**
奥山　玲子（北海道）　　塩飽　仁（東北）　　阿部美和子（関東）
藤掛　明（関東）　　横田　正夫（関東）　　下村　美刈（中部）
尾藤ヨシ子（中部）　　山岡　美和（中部）　　大辻　隆夫（近畿）
岡田　弘司（近畿）　　片山はるみ（中国）　　鈴江　毅（四国）
山﨑　一馬（九州）

**推進連**
藤掛　明

**事務局**
橋本　秀美（事務局長）　　奥田　亮　　西　友子

**資格研修事務局**
馬場　史津

**日本描画テスト・描画療法学会事務局**
〒577-8550　大阪府東大阪市菱屋西4-2-26　大阪樟蔭女子大学内
Fax 06-6723-8302　E-mail：info@byoga.jp　http://byoga.jp

〔入会申込書は上記の学会事務局に送付して下さい。〕

## 投稿規定および執筆要項

1．投稿は原則として本学会員に限る。
2．本誌には，描画テストをはじめ非言語的な方法によるテスト，治療，調査などに関する原著論文，事例報告，総説，資料，短報などを掲載する。
3．原稿は現代かなづかい，常用漢字およびアラビア数字を用いて横書きとし，描画・図・表・文献を含め，原稿用紙の場合は，400字詰原稿用紙40枚以内，ワードプロセッサーの場合は，35字×30行を1ページ（B5判用紙に出力）とし，16枚以内とする。
4．描画・図・表はそれぞれ1点につき原則として260文字の分量（仕上がり1／4ページの大きさ）と換算して原稿枚数に含める（原稿用紙の場合は，便宜上400字詰原稿用紙1/2枚と換算してよい）。ただし，描画・図・表について大きく掲載する必要がある場合にはその旨明記し，本文の文字量（原稿枚数）を調節すること。描画・図・表はできるかぎり10枚以内とする。また，描画・図は原則として単色印刷とし，カラー印刷を希望する場合は執筆者の実費負担となることがある。
5．図（描画も含む）・表の番号は図1，図2，表1，表2としてそれぞれ1枚ずつ別紙とし，本文中に挿入箇所を明示する。なお，写真は必ずポジプリントとし，スライド，コピーでは投稿しないこと。
6．本文，描画・図・表等すべてを含む原稿4部を提出すること。正本1部の1枚目には，表題および執筆者名，所属機関名，連絡先だけを記入する。表題，執筆者名，所属機関名には対応する英文を併記すること。副本3部の1枚目には，表題とその英文のみを記入すること。なお提出された原稿は返却しない。
7．外国語の術語はできるだけ日本語に翻訳し，必要に応じて原綴りを括弧内に書き添える。ただし人名は，原綴りのままとする。年号は西暦を用いる。
8．見出しのたて方は，Ⅰ，Ⅱ，Ⅲ……3行取り，1，2，3……2行取り，(1)，(2)，(3)……1行取りとすること。
9．引用した文献は著者名のアルファベット順に配列し，雑誌は，著者名　年次　表題　誌名（略称を用いないこと・イタリック），巻（ボールド），頁数の順に，単行本は，著者名　年次　書名（イタリック）　発行社名（洋書は発行地，発行社名の順）の順とする。同一年次のものはa，bを付す。また，本文中での引用には肩付数字は用いず，「……河合（1984a）によれば，……」「……である（Freud, 1904）。」のような形で用いる。

[引用文献記載例]
> Hulse, W. C. 1952 Childhood conflict expressed through family drawings. *Journal of Projective Techniques*, **16**, 66.
> Hammer, E. F. 1958 *The Clinical Applicati on of Projective Drawings*. Illinois: Charles C. Thomas.
> 深田尚彦　1986　人物画テスト　臨床描画研究, **1**, 10-18.
> 高橋雅春　1967　描画テスト診断法　文教書院

10. 校正は原則として執筆者が初校のみ行ない，再校以降は編集部で行なう。
11. 執筆者には掲載誌1部と別刷30部（ただし，紹介，短報等の短いものは除く）を進呈する。それ以上は執筆者の負担とする。
12. 原稿は下記宛に簡易書留で送ること。
　　〒603-8303　京都市北区紫野十二坊町12-8
　　　　　　株式会社北大路書房『臨床描画研究』編集部
　　　　　　E-mail：byoga@kitaohji.com
13. 投稿論文の採否は編集委員会が決定する。

## 編集後記

　本誌は年1回の発行で6月発刊を目指しているが，私が編集委員長になった頃から遅れがちになり，梅雨の終わり頃に編集後記を執筆することが多かった。ところが，今年は関東地方が6月中に梅雨明けしてしまった。もっとも，西日本も中部地方も梅雨明けしていないし，それどころか豪雨が続き，西日本の各地で大きな被害が起きている。自然の猛威の前では私たちは非力であり，多くの場合，逃げ出すか立ち尽くすしかない。この激しい気象変動の背後に地球温暖化が関係しているとしたら，それは私たち人類の営みが影響しているのかもしれない。人間1人ひとりは非力なのに，集団としての人類は力を持ちすぎたということかもしれない。なぜ，私たちはこれほど大きな力を持ってしまったのか？　神や天国や国家や会社や貨幣など，「ないものをあるように見せかけて集団で信じ込む」という文化が現生人類の繁栄をもたらした，と「ホモ・サピエンス全史」の著者でヘブライ大学のハラリ教授は主張する。確かに，私たち人類は，「表現として仮想的なイメージを創り出し，それを集団で共有する」という他の動物には存在しない能力と文化を生み出したと言えるかもしれない。その結果，人類の繁栄と苦悩がもたらされ，さらに，その苦悩の一部について，私たちはイメージを用いた方法で癒やそうとしているという構図がある。

　本巻のために特別講演の論文を寄稿された松沢哲郎教授によれば，チンパンジーでも，ないものをあるかのように見せかける「ふり遊び」はできるのである。しかし，空白を埋めるような想像力は乏しいらしい。まして，大きな集団でイメージを共有することは難しいのだろう。結果として私たちは繁栄し，チンパンジーは絶滅危惧種になっている。

　本巻の特集は「イメージとは何か」であるが，この巻全体がこのテーマで満たされている。霊長類学，発達障害の臨床，ラカン派精神分析，イメージ表現の臨床心理学など多様な立場から，質問紙，内省と面接，症例研究，質的研究法などの方法によって，この課題に取り組んだ成果が本巻に集められたということである。力作が多いと思われる。この問いへのすっきりした答えはないのだが，描画の臨床と研究の基底には，もともとこの問いに答えようとする努力があったということは言えるだろう。そして，「イメージとは何か」という問いは，また，牧瀬論文で引用されたゴーギャンの画題である「我々はどこから来たのか，我々は何者か，我々はどこに行くのか」という問いにも繋がっている。

　本巻の最後には，本学会で長く指導的な立場におられた加藤孝正先生と奥村晋先生に対する追悼文が掲載されている。本学会を作り上げてこられ，長い間，私たちに描画の臨床や研究について指導して下さったお二人の先生に感謝の気持ちを表すとともにご冥福をお祈り申し上げる。

（生地　新）

**編集委員**（50音順，○印は編集委員長）

○生地　新　　　園部　博範　　　高橋　依子

　寺沢英理子　　馬場　史津　　　村瀬嘉代子

---

臨床描画研究　33

2018年7月20日　印刷

2018年7月30日　発行

編集・発行／日本描画テスト・描画療法学会
制作・発売／(株)北大路書房
〒603-8303　京都市北区紫野十二坊町12-8
　　　　　電話　(075) 431-0361（代）
　　　　　FAX　(075) 431-9393
　　　　　振替　01050-4-2083

---

ⓒ 2018　印刷／製本　亜細亜印刷（株）

ISBN978-4-7628-3027-3　　　　　Printed in Japan

・JCOPY 〈(社)出 版者著作権管理機構 委託出版物〉
本書の無断複写は著作権法上での例外を除き禁じられています。
複写される場合は，そのつど事前に，(社)出版者著作権管理機構
（電話 03-3513-6969,FAX 03-3513-6979,e-mail: info@jcopy.or.jp）
の許諾を得てください。